DIE

ORDEN UND KONGREGATIONEN

DER

KATHOLISCHEN KIRCHE IN PREUSSEN.

IHRE VERBREITUNG, IHRE ORGANISATION UND IHRE ZWECKE.

UNTER BENUTZUNG AMTLICHER MATERIALIEN

VON

DR. PAUL HINSCHIUS,

ORD. PROFESSOR DER RECHTE AN DER UNIVERSITÄT BERLIN.

BERLIN.

VERLAG VON I. GUTTENTAG (D. COLLIN).

1874.

Inhalt.

Einleitung.

Das Gesetz vom 5. April 1873, betreffend die Abänderung der Artikel 15 und 18 der preussischen Verfassungs-Urkunde (Ges.-Samml. S. 143) hat das dem Staate vielfach bestrittene und von ihm selbst während eines zwanzigjährigen Zeitraumes in nicht ausreichendem Masse geübte Kirchenhoheitsrecht verfassungsmässig sicher gestellt. Dadurch hat die Staatsregierung nicht nur das Recht, sondern auch andererseits die Verpflichtung erhalten, dasselbe den heutigen Bedürfnissen entsprechend auf gesetzgeberischem Wege weiter auszubilden.

Die bisher zu diesem Zwecke erlassenen Gesetze (über die Vorbildung und Anstellung der Geistlichen, über die kirchliche Disciplinargewalt und über die Grenzen des Rechts zum Gebrauche kirchlicher Straf- und Zuchtmittel bezieh. vom 11., 12. und 13. Mai 1873, Ges.-Samml. S. 191, 198, 205) nebst den von den Häusern des Landtages eben angenommenen Entwürfen eines Gesetzes wegen Deklaration und Ergänzung des Gesetzes vom 11. Mai 1873 sowie eines Gesetzes über die Verwaltung erledigter Bisthümer, beschränken sich nur auf die Regelung der Verhältnisse des Klerus, und lassen vorläufig eine Reihe von Gebieten, in Betreff deren das staatliche Hoheitsrecht sich gleichfalls zu bethätigen haben wird, unberührt.

Unter diesen letzteren steht das Ordens- und Kongregationswesen in vorderster Linie. Seit dem Jahre 1848 haben sich die geistlichen Genossenschaften in der preussischen Monarchie auffällig vermehrt. Fast alle verfolgen im Gegensatze zu der klösterlichen Abgeschlossenheit der ältesten Orden praktische Zwecke und zwar solche, welche den Staat in erheblichster Weise berühren.

Zwar hat das Reichsgesetz vom 4. Juli 1872 (Reichs-Ges.-Bl. S. 253) in Verbindung mit dem Bundesraths-Beschluss vom 20. Mai 1873 (Reichs-Ges.-Bl. S. 109) die Jesuiten und die ihnen verwandten Kongregationen der Redemptoristen, der Lazaristen, der Väter vom heiligen Geiste und der Schwestern vom heiligen Herzen Jesu vom Gebiete des deutschen Reiches ausgeschlossen, und für Preussen insbesondere das Rescript des Ministers der geistlichen Angelegenheiten vom 15. Juni 1872 die Zulassung von Mitgliedern geistlicher

Genossenschaften als Lehrer und Lehrerinnen an den öffentlichen Volksschulen untersagt. Indessen fragt es sich immerhin noch, namentlich mit Rücksicht darauf, dass der hinsichtlich dieser Gesellschaften in Preussen bestehende Rechtszustand ein sehr zweifelhafter und bestrittener ist, ob nicht in Betreff derselben für den Staat bestimmte Aufsichtsrechte und Befugnisse sowohl zum eigenen Schutze desselben als auch zum Schutze der Mitglieder jener Genossenschaften selbst nach dem Vorbilde Badens, Würtembergs und Oesterreichs im Wege der Gesetzgebung festzusetzen sein werden.

Für die Beantwortung dieser Frage kommen die Verhältnisse der in der Monarchie vertretenen religiösen Genossenschaften in erster Reihe in Betracht. Diese sind im Allgemeinen wenig bekannt. Nur die Thätigkeit derjenigen Orden und Kongregationen, welche sich der Krankenpflege widmen, hat vielfach, vor Allem in den Kriegen des letzten Jahrzehntes, die Aufmerksamkeit erregt und die öffentliche Meinung günstig gestimmt. Wenn es auch keineswegs bestritten werden soll, dass von ihnen in der erwähnten Beziehung viel Anerkennenswerthes und sogar Rühmenswerthes geleistet worden ist, so wird doch andererseits zugegeben werden müssen, dass zur Bildung eines objektiven und gerechten Urtheils, welches allein eine sichere Unterlage für die Erwägung der Nothwendigkeit gesetzgeberischer Massnahmen gewähren kann, nicht blos die eine und zwar die glänzende Seite der Wirksamkeit der erwähnten Genossenschaften zu berücksichtigen ist.

Giebt nun auch die Schrift von F. von Schulte, die neueren katholischen Orden und Kongregationen in Deutschland, Berlin 1872, einen guten Einblick in das Wesen und die heutige Bedeutung jener Gesellschaften, so erschien es mir doch nicht überflüssig, die nachstehende Arbeit zu veröffentlichen. Sie beschränkt sich zwar allein auf die Verhältnisse in Preussen, indessen ist es mir vergönnt gewesen, das gesammte amtliche Material, welches den preussischen Behörden zur Disposition steht, zu benutzen, und auf diese Weise von dem bestehenden Zustand nach durchaus sicheren und authentischen Quellen ein genaues und detaillirtes Bild zu entwerfen.

Abschnitt I. Die religiösen Orden und Kongregationen im Allgemeinen.

Das Wesen der Orden und ordensähnlichen Kongregationen. Ihr Unterschied von den Brüderschaften.

In den nachstehenden Erörterungen wird wiederholt der Gegensatz zwischen religiösen Orden und ordensähnlichen Kongregationen berührt werden müssen. Ueber die Unterschiede dieser beiden Formen der kirchlichen Genossenschaften herrschen manche unklare und falsche Vorstellungen, so werden namentlich nicht selten die Kongregationen mit den s. g. Brüderschaften oder Konfraternitäten verwechselt.

Mit Rücksicht hierauf sind zunächst einige diese Verhältnisse klar stellende Bemerkungen vorauszuschicken.

Die Orden (ordines religiosorum) sind Gesellschaften, deren Mitglieder sich zur Führung eines durch besondere Vorschriften oder Regeln bestimmten, gemeinsamen Lebens unter eigenen Vorgesetzten durch das dreifache, für die ganze Lebenszeit bindende feierliche Gelübde des Gehorsams, der persönlichen Armuth und der ehelosen Keuschheit, durch das s. g. votum solemne, verpflichten,

vgl. Phillips, Lehrbuch des Kirchenrechts. 2. Aufl. S. 731 u. S. 743;
Ginzel, Handbuch des Kirchenrechts. Bd. 2. S. 229;
v. Schulte, Lehrbuch des kathol. Kirchenrechts. 3. Aufl. S. 507.

Unrichtig ist es, wie mitunter geschieht, das Wesen des feierlichen Gelübdes allein in seiner lebenslänglich bindenden Kraft finden zu wollen. Zu seinem Wesen gehört vielmehr, dass es in einer Genossenschaft abgelegt wird, welche die Approbation als Orden vom päpstlichen Stuhle erlangt hat,

c. un. (Bonifac. VIII) in VI^{to} de voto et voti red. III. 15.

Unter dieser Voraussetzung, aber auch allein unter dieser, hat das votum solemne nach dem katholischen Kirchenrechte folgende Wirkungen:

1. Es erzeugt für denjenigen, welcher es abgelegt hat, die Unfähigkeit, eine kirchlich gültige Ehe einzugehen, mithin ein trennendes Ehehinderniss,

c. un. cit.

2. Es macht den Profess leistenden, den Mönch, die Nonne, zum Erwerbe und Besitze irgend welchen Vermögens unfähig. Alles Vermögen,

welches die Professen beim Eintritt in den Orden besitzen oder später erwerben, fällt ihrem Kloster ohne Weiteres zu,

c. 6 (Innoc. III) X. de statu monachor. III. 35; conc. Trident. Sess. XXV c. 2. de regular.

3. Es verpflichtet den Professen zum Gehorsam gegen die Ordensoberen und zwar in der Art, dass letztere jede von dem ersteren Gott oder den Menschen gegenüber übernommene Verpflichtung für ungültig erklären können,

vgl. Bouix, tractatus de jure regularium. Parisiis 1857. tom. I. p. 108 ff.;

Balley, quaestiones de votis simplicibus etc. in Moy, Archiv für kathol. Kirchenrecht. Bd. 17. S. 17.

4. Es bindet den Professen auf ewig an den Orden, andererseits aber auch den Orden an den Professen. Nur die absolute Unverbesserlichkeit berechtigt den Orden einen Professen unter Innehaltung eines bestimmt vorgeschriebenen Verfahrens auszustossen, jedoch bleibt der Ausgestossene trotzdem zur Beobachtung der Gelübde verpflichtet,

vgl. Bouix l. c. tom. II. p. 514;

Balley a. a. O. S. 24.

Den Gegensatz gegen die Orden bilden die Kongregationen. Die Mitglieder derselben machen sich zwar auch zur Führung eines festgeordneten, gemeinsamen Lebens verbindlich, sie legen ferner, der Regel nach, gleichfalls die drei erwähnten Gelübde, indessen nur als einfache (als s. g. vota simplicia) ab. Ja, sie können dieselben überhaupt nur mit dem letztgedachten Charakter ableisten, weil die Kongregationen nicht päpstlich approbirte Orden sind, und weil, wie vorhin bereits bemerkt, allein die Gelübde in den Orden die Natur der vota solemnia haben.

Die Eigenthümlichkeiten, wodurch sich die vota simplicia von den vota solemnia unterscheiden, bestehen darin:

1. Zu Folge des Gelübdes der Keuschheit ist den Mitgliedern der Kongregationen die Eingehung einer Ehe zwar gleichfalls verschlossen, indessen bildet das Gelübde als votum simplex nur ein aufschiebendes, nicht trennendes Ehehinderniss,

vgl. Bouix l. c. tom. I. p. 81;

Balley a. a. O. S. 16, 29.

2. Das Gelübde der Armuth zieht nicht die absolute Vermögensunfähigkeit nach sich, sondern begründet nur die Verpflichtung, nicht ohne Genehmigung der Kongregations-Oberen das eigene Vermögen zu verwalten, zum eigenen Nutzen zu verwenden oder darüber zu verfügen. Es lässt nach den modernen technischen Ausdruck das dominium radicale bestehen,

vgl. Bouix l. c. p. 95 ff.;

Balley a. a. O. S. 16, 17, 34;

Schuppe, das Wesen und die Rechtsverhältnisse der neueren religiösen Frauengenossenschaften. Mainz 1868. S. 99 ff.

3. Dem Gelübde des Gehorsams fehlt, soweit bei etwa sonst übernommenen Verpflichtungen nicht gegen die der Genossenschaft schuldigen Obliegenheiten verstossen wird, die das Vernichtungsrecht der Oberen begründende Tragweite (S. 4. No. 3),

vgl. Bouix l. c. p. 108 ff.

4. Das Gelübde bindet das einzelne Mitglied ebenfalls an die Kongregation, da bei diesen eine Verpflichtung auf eine bestimmte Reihe von Jahren möglich ist, nur auf diese Zeit; für die Lebensdauer allerdings dann, wenn es auf ewig oder unbeschränkt abgelegt worden ist. Das Band zwischen dem Einzelnen und der Kongregation ist aber nicht so stark, wie bei den Orden. Denn aus der ersteren können nicht nur absolut unverbesserliche Individuen, sondern auch andere Mitglieder aus bestimmten, die Ausschliessung rechtfertigenden Gründen entlassen werden. Ferner gilt ein solches Mitglied mit der ordnungsmässigen Entlassung ohne Weiteres seiner Gelübde entbunden,

vgl. Bouix l. c. t. II. p. 514;
Balley a. a. O. S. 24, 25, 36, 37.

Wenn, wie schon vorhin bemerkt, niemals vota solemnia in einer Kongregation möglich sind, so ist es doch dagegen umgekehrt nicht ausgeschlossen, dass innerhalb der Orden seitens eines Theiles ihrer Mitglieder einfache Gelübde abgelegt werden.

So leisten bei den Jesuiten diejenigen, welche den Noviziat absolvirt haben, behufs Erlangung der Stellung als s. g. scholastici approbati die Gelübde als simplicia ab,

vgl. Constit. Gregorii XIII: Ascendente Domino vom 25. Mai 1584 (Corpus institut. societ. Jesu. Antverp. 1702. t. I. p. 113),
Huber, der Jesuiten-Orden. Berlin 1873. S. 67, 68,

wodurch für sie allerdings nur kraft besonderer positiver Bestimmung, abweichend von der gewöhnlichen Regel, ein trennendes Ehehinderniss entsteht,

vgl. die cirtirte Constitution Gregors XIII und Bouix l. c. t. I. p. 74, 86.

Ja, das Breve Pius' IX: Ad universalis ecclesiae regimen vom 7. Februar 1862 (Moy, Archiv für kathol. Kirchenrecht Bd. 8. S. 144) hat allgemein für alle Männer-Orden vorgeschrieben, dass der Ablegung der definitiven Profess, d. h. der vota solemnia, nach vollendetem Noviziat eine Zwischenzeit von 3 Jahren vorhergehen soll, bei deren Beginn die Gelübde vorerst nur als vota simplicia zu leisten sind.

Die Brüderschaften, confraternitates, sodalitates (mitunter auch congregationes genannt) sind nur Vereinigungen zur Erreichung einzelner kirchlicher Zwecke, zur Uebung christlicher Liebeswerke, zu bestimmtem Gebetsdienst, zur Unterstützung des Missionswesens u. s. w. Ihre Mitglieder leben nicht nach einer bestimmten Regel, sie führen kein gemeinsames Leben, sondern bleiben in ihren sonstigen bürgerlichen Verhältnissen und Beziehungen. Sie wirken nur zu dem Zwecke der Vereinigung mit, stellen derselben aber nicht, wie dies bei den Mitgliedern der Orden und ordensähnlichen Kongregationen der Fall, ihre ganze Thätigkeit, noch viel weniger ihre ganze Person zur Disposition,

vgl. v. Schulte, Lehrbuch des Kirchenrechts, 3. Aufl. S. 530, 531.

Gerade in dem zuletzt berührten Punkte liegt der charakteristische Unterschied zwischen den Brüderschaften und ordensähnlichen Kongregationen, nicht darin, dass bei dem Eintritt in die ersteren kein Gelübde erfordert werden. Die letzteren sind zum Begriff der Kongregation im eigentlichen Sinne nicht absolut nothwendig. Ein gemeinschaftliches Leben nach einer festen Ordnung und Regel, welcher sich der Einzelne mit seinem ganzen Denken und Sein unterordnet, ist an und für sich auch ohne die Ablegung von Gelübden möglich, und in der That kennt die katholische Kirche auch derartige Genossenschaften. Es genügt hier, auf eine solche, die von Philipp Neri gestiftete, im J. 1575 päpstlich approbirte Kongregation der Väter des h. Oratoriums (auch Oratorianer, Philippiner genannt) hinzuweisen, deren Mitglieder Weltpriester sind, und ein gemeinschaftliches Leben behufs Verrichtung des Gebetsdienstes, der Predigt und anderer frommer Werke führen,

vgl. Lucae Holstenii codex regularum monasticar. ed. Marian. Brockie. August. Vindelic. 1759. t. VI. p. 234 ff.; Analecta juris pontificii. Rome. Jahrg. 1861. col. 62.

Das Verhältniss der Orden und ordensähnlichen Kongregationen in der neueren Zeit.

Seit dem Ende des 16. Jahrhunderts sind in der katholischen Kirche verhältnissmässig wenig neue Orden entstanden, dagegen eine grosse Anzahl von Kongregationen, vor Allem aber von weiblichen derartigen Genossenschaften.

vgl. z. B. die Aufzählung in den citirten Analecta l. c. col. 62 ff.

Worin liegt die Erklärung für diese anscheinend auffällige Thatsache?

Schon die päpstliche Gesetzgebung des 13. Jahrhunderts hatte die Gründung neuer Orden zur Vermeidung der aus einer übergrossen Verschiedenheit derselben hervorgehenden Missstände verboten,

c. 9 (conc. IV. Lateran. a. 1215) X. de religiosis domib. III. 36; c. un. (conc. II. Lugdun. a. 1273) in VI^{to} de relig. dom. III. 17; c. un. eod. in Extravag. Ioann. XXII (tit. 7).

Hatte dadurch auch die Befugniss des Papstes zur Approbation neuer Orden an und für sich keine Schmälerung erlitten, so war doch immerhin dem als Princip aufgestellten Verbote gegenüber und bei der schon mehr als genügenden Anzahl bestehender Orden die Erlangung der Bestätigung eines neuen äusserst erschwert. Ganz abgesehen davon hatten sich die älteren

Orden theils überlebt, theils waren sie den Bedürfnissen der Zeit nicht mehr gewachsen. Die im 13. Jahrhundert gestifteten Orden der Dominikaner und Franziskaner verdankten ihr bedeutendes Ansehen wesentlich dem Umstande, dass sie nicht, wie die früheren Orden, das Hauptgewicht auf das beschauliche Leben, sondern auf eine praktische, das äussere und das Volksleben berührende Thätigkeit legten. Auch dem später entstandenen Jesuiten-Orden haben die weitgreifenden Ziele, welche sich derselbe in der erwähnten Richtung gesteckt hatte, zu seiner hervorragenden und bedeutenden Stellung verholfen. Je mehr Gewicht man aber auf eine solche Wirksamkeit legte, desto mehr musste von der alten Verfassung der früheren Orden aufgegeben werden. Der ursprüngliche Charakter dieser Organisation, die Selbstständigkeit der einzelnen Häuser und die Gebundenheit der einzelnen Mitglieder an ein bestimmtes Kloster (die s. g. stabilitas loci), erschwerte und lähmte jede kraftvolle Aktion nach aussen. Dagegen konnte diese nur erleichtert und verstärkt werden, wenn die verschiedenen, zerstreuten Niederlassungen eines und desselben Ordens einem alle Kräfte nach einheitlichem Plane leitenden Willen dienstbar gemacht, und dieser Leitung auch die Befugniss zur beliebigen Verwendung der einzelnen Mitglieder an den passenden Stellen gewährt wurde. Wenn schon die seit dem 13. Jahrhundert entstandenen Orden in der Einsetzung eines die Gesammtheit regierenden Organs, des General-Oberen, in der Gliederung in Ordensprovinzen und in der Beschränkung der Stabilität der Mitglieder auf die Provinz in der angedeuteten Richtung einen erheblichen Schritt gethan hatten, so brach doch erst der Jesuiten-Orden durch die Statuirung der Allmacht des Generals und der freien Disposition des letzteren über die einzelnen Mitglieder vollkommen mit den bisherigen Grundlagen der Ordensverfassung.

Nachdem einmal die der neueren Zeit entsprechende und der Verfolgung praktischer Ziele adäquate Form von den Jesuiten gefunden worden war, hätte jeder ähnliche Zwecke verfolgende neue Orden diese adoptiren müssen, und wäre damit nothwendig in eine Rivalität mit den Jesuiten gerathen. Unter diesen Umständen war die päpstliche Genehmigung eines solchen daher von vornherein sehr fraglich, während diese für die Bildung von neuen Kongregationen, welche nicht den Anspruch auf gleiche Privilegien, wie die Orden erheben konnten, leichter zu erhalten war. Ueberdies bot diese Gestaltung auch den bei einer praktischen Wirksamkeit nicht zu unterschätzenden Vortheil dar, dass sie die Ausscheidung und Ausstossung von unfähigen, für eine solche Thätigkeit nicht geeigneten Mitglieder unter nicht sehr erschwerten Voraussetzungen gestattete.

Für die Bildung weiblicher Genossenschaften kam aber noch ein besonderer Umstand in Betracht, welche für diese, so fern sie praktische, das äussere Leben berührende Zwecke verfolgen wollten, die Annahme der Form eines eigentlichen Ordens so gut, wie unmöglich, machte. Jeder Frauen-Orden ist der s. g. päpstlichen Klausur unterworfen,

c. un. (Bonifac. VIII.) in VI[to] de statu regul. III. 16; conc. Trident. Sess. XXV. c. 5. de reg.,

d. h. die Nonnen dürfen selbst nicht einmal mit Erlaubniss ihrer Oberin abgesehen von Fällen einer dringenden Nothwendigkeit (einer Feuersbrunst, einer Epidemie u. s. w.) den verschlossenen Raum des Klosters verlassen, und andererseits ist zu demselben anderen Personen nur aus besimmt vorgeschriebenen Gründen mit schriftlicher Erlaubniss des Bischofs und des Ordensoberen der Zutritt gestattet,

vgl. Bouix, l. c. t. II. p. 600ff;
Ginzel, a. a. O. Bd. 2. S. 302;
Schuppe, a. a. O. S. 6.

Die Beobachtung dieser Klausur-Vorschriften, deren Beseitigung in keinem Falle bei Frauen-Orden erfolgt, schliesst selbstverständlich jede Thätigkeit nach aussen hin aus. Für eine solche war daher nur die Form der Kongregation möglich. Denn diese bedingt die strenge Klausur nicht, macht es vielmehr möglich, dieselbe in gemilderter Form (als s. g. bischöfliche Klausur) d. h. blos insoweit, als dies mit dem Zwecke der Genossenschaft vereinbar ist, zu beobachten,

vgl. Schuppe, a. a. O. S. 6 u. 109.

Ausser diesen in der Natur der Sache liegenden Gründen, welche die Entwicklung des Kongregationswesens im Gegensatze zu den eigentlichen Orden befördern mussten, hat dazu auch die Gesetzgebung einzelner Staaten beigetragen. Noch im Laufe des vorigen Jahrhunderts ist die Bedeutung der Kongregationen, namentlich in Deutschland nicht in dem Umfange, wie in heutiger Zeit, hervorgetreten, und daher auch nicht hinreichend gewürdigt worden. So erwähnt z. B. das preussische Landrecht, welches die religiösen Genossenschaften in den Bereich seiner gesetzlichen Regelung hineingezogen hat, in seinen bezüglichen Vorschriften, (vgl. Th. II. Tit. 11. §§ 939. 1057—1069. 1160—1209) ausdrücklich nur der Orden im eigentlichen Sinne.

Den einengenden Beschränkungen solcher Gesetzgebungen und Gesetze konnte sich eine als Kongregation konstituirte Genossenschaft, wie dies in Preussen bis auf den heutigen Tag geschehen, durch den Hinweis darauf, dass sie keinen derartigen Orden bilde, leicht entziehen.

Auf diese Weise war nicht nur die vielfach geforderte Staatsgenehmigung zur Bildung neuer Orden und Klöster zu umgehen, sondern man konnte auch die landesgesetzlichen Vorschriften über die vermögensrechtliche Stellung derselben und der einzelnen Ordensleute illusorisch machen.

Die Kongregationen als solche haben nicht immer die Rechte der juristischen Person erhalten. Mangels solcher war für die Gesammtheit ein Vermögens-Erwerb nicht möglich. Indessen konnten die einzelnen Mitglieder, welche formell des Eigenthums fähig sind, dieses durch Zuwendungen aller Art erlangen. Da sie aber zufolge ihres einfachen Armuths-Gelübdes bei der Verwendung jedes Erwerbes von dem Willen ihrer Oberen abhängig waren, so kam ihr Vermögen thatsächlich doch der ganzen Kongregation zu Gute, d. h. es wurden auf diese Weise die Gesetze, welche die Staatsgenehmigung für Zuwendungen an die todte Hand vorschreiben, vereitelt.

Wo in der Landesgesetzgebung die Vermögensunfähigkeit der Ordensleute ausgesprochen und gleichzeitig der kanonische Satz, dass diese alles für ihre Klöster erwerben, beseitigt war, vgl. z. B. A. L. R. Th. II. Tit. 11. §§ 1200ff. 1182ff., bot sich auch den Kongregationen der fernere Vortheil dar, die Anwendung solcher gesetzlicher Vorschriften auf ihre Mitglieder fern zu halten, indem man sich darauf berief, dass das einfache Gelübde der Armuth nach kirchlichem Recht die Vermögensfähigkeit nicht beeinträchtige, obwohl in der That dieselbe, wie schon hervorgehoben, nur eine formelle und scheinbare ist.

In den Ländern des französischen Rechtes umging man ferner durch die Form der Kongregation gewisse, aus den Vorschriften desselben für die Orden sich ergebende Schwierigkeiten. Das neuere französische Recht erkennt die aus dem votum solemne hervorgehende s. g. paupertas religiosa nicht an, vielmehr ist der Ordensmann vollkommen vermögensfähig. Zur Wahrung des etwaigen ihm gehörigen oder ihm zufallenden Vermögens muss er also über dasselbe disponiren, thut er dies aber, so setzt er sich mit dem Ordensgelübde in Widerspruch. In dieses Dilemna gerathen die Mitglieder der Kongregationen, welche des s. g. dominium radicale fähig sind, und über dasselbe mit Zustimmung ihrer Oberen verfügen können, nicht. Für Länder mit solchem Recht ist also die Form der Kongregation die passendere, und dies ist auch von der römischen Kurie dadurch anerkannt worden, dass sie schon seit Jahren die Gelübde in denjenigen französischen Frauen-Orden, in welchen ihrer Verfassung nach eigentlich vota solemnia abgelegt werden müssen, doch stets als vota simplicia behandelt hat,

vgl. Bouix, l. c. t. I. p. 499,

Sentis, die Stellung der religiösen Orden unter der Herrschaft der französischen und anderen verwandten Gesetzgebungen in Moy's Archiv für kath. Kirchenrecht Bd. 14. S. 344 ff.

Die vorstehenden Bemerkungen werden die Behauptung begründet erscheinen lassen, dass die Kongregationen die den modernen Verhältnissen entsprechende Umgestaltung des Ordenswesens der katholischen Kirche sind und dass sie aus diesem Grunde fast alle älteren Orden überflügelt haben.

Das letztere gilt namentlich von den weiblichen Kongregationen, welche wie überhaupt, so auch insbesondere in Preussen viel zahlreicher sind, als die männlichen, und die etwa seit dem Jahre 1848 einen bedeutenden Aufschwung genommen haben.

Auch diese Erscheinung erklärt sich leicht.

Die in heutiger Zeit immer mehr schwindende Möglichkeit, in der Ehe eine entsprechende Versorgung zu finden, die schwierige und unbefriedigende

Stellung unverheiratheter, namentlich unbemittelter Mädchen und die Beschränktheit der Erwerbsquellen für dieselben sind die Faktoren, welche den weiblichen Kongregationen ihre Mitglieder zuführen. Das Leben in solchen erscheint ihnen vielfach müheloser und gesicherter wie der Erwerb als Magd, Näherin, und selbst als Gouvernante. In der katholischen Bevölkerung gilt ein solches Leben dazu noch als besonders verdienstlich, und der Stand der Schwestern steht bei derselben in hohem Ansehen. Endlich bleibt das Beispiel und der Einfluss der den Kongregationen angehörenden Lehrerinnen, welche die katholischen Mädchen in ihrer Jugend unterrichtet haben, ebenfalls nicht ohne Wirkung.

Die katholische Kirche hat diese Verhältnisse in geschickter Weise zu benutzen verstanden. Sowohl von der Kurie wie auch von den Bischöfen sind die weiblichen Kongregationen auf jede Weise befördert worden, und werden es noch. Da die meisten sich mit praktischen Zwecken, namentlich der Pflege der Kranken, der Jugend und der Erziehung derselben beschäftigen, so gewähren sie ein Mittel, ultramontane Anschauungen in Kreisen zu verbreiten, welche der Einwirkung der Geistlichen, ja zum Theil auch der der männlichen Genossenschaften schwer zugänglich sind, und dies unter den wohlthätigen Zwecken, welchen sie dienen, zu verschleiern.

Abschnitt II. Die Orden und Kongregationen in Preussen.

Uebersicht seit Anfang dieses Jahrhunderts.

Das Edikt vom 30. Oktober 1810 über die Einziehung sämmtlicher geistlicher Güter (Ges. S. S. 32) hatte für den Umfang der damaligen Monarchie alle Klöster für Staatsgüter erklärt und angeordnet, dass dieselben nach und nach eingezogen werden sollten, dagegen eine reichliche Dotirung derjenigen Klöster in Aussicht gestellt, welche sich mit der Erziehung der Jugend oder Krankenpflege beschäftigten und welche durch die gedachten Vorschriften entweder Einbusse an ihren bisherigen Einnahmen erleiden oder deren neue Fundirungen nothwendig erscheinen würden.

In den später theils wieder, theils neu erworbenen Gebietstheilen waren aber bereits früher ähnliche Massregeln ergriffen worden oder es sind solche noch nach dem Jahre 1810 erfolgt.

In ersterer Hinsicht kommt einmal in Betracht der Reichsdeputationshauptbeschluss am 25. Februar 1803 (§ 35), dessen Säkularisations-Anordnungen sich auch auf die Abteien und Klöster erstreckten.

Ferner war die französische Gesetzgebung in ähnlicher Weise vorgegangen. Die lettres patentes vom 13/19. Februar 1790 (Hermens, Handbuch d. Staatsgesetzgebung über die christl. Kultus i. d. Provinzen a. linken Rheinufer. Bd. 1.

S. 122. 144) hatten erklärt, dass das konstitutionelle Gesetz keine feierlichen Gelübde anerkenne, und dass demgemäss die Orden und Kongregationen, in denen solche abgelegt würden, aufgehoben seien, ohne dass derartige Genossenschaften für die Zukunft wieder errichtet werden könnten. Das Gesetz vom 15. Fructidor IV. (1. September 1796, a. a. O. S. 295. 301) dehnte diese Vorschriften auf 9 neue mit Frankreich vereinigte Departements aus, liess aber diejenigen weiblichen Klöster bestehen, welche sich aktuell mit der öffentlichen Erziehung oder der Krankenpflege beschäftigten, eine Anordnung, welche das Arrêté v. 20. Prairial X. (9. Juni 1802, a. a. O. S. 652) auf die Departements der Saar, Roer, Rhein, Mosel und des Donnersberges erweiterte. Allgemeine Vorschriften erliess endlich das kaiserliche Dekret vom 3. Messidor XII. (22. Juni 1804, a. a. O. Bd. 2. S. 288), welches eine Reihe von Kongregationen auflöste, andere besonders aufgeführte, wie die Soeurs de la Charité, Soeurs Hospitalières u. s. w. bestehen liess, und ferner bestimmte, dass keine Vereinigung von Männern oder Frauen unter dem Vorwande einer geistlichen Genossenschaft sich bilden sollte, ohne eine auf Grund ihrer Statuten durch kaiserliches Dekret ertheilte Autorisation. Endlich wiederholte das Dekret vom 19. Februar 1809 (a. a. O. Bd. 2. S. 402) diese Vorschriften für diejenigen weiblichen Kongregationen, welche sich mit der Versorgung der Hospitäler, der Pflege der Kranken und der verlassenen Kinder in denselben oder der Pflege der Armen in ihren Wohnungen beschäftigten.

Weiter wurde im Herzogthum Berg, noch vor der Bildung des nachmaligen sogenannten Grossherzogthums, durch das churfürstliche Reskript vom 11. September 1803 und das Edikt der churfürstlichen pfalzbairischen Separat-Kommission vom 30. Juni 1804 die Aufhebung aller Mendikanten-Klöster verfügt.

Für das Königreich Westfalen endlich haben die Dekrete vom 13. Mai 1809, 1. Dezember 1809 und 3. April 1812 (Bulletin des lois de Westfalie 5, 211; 9, 361; 11, 331) die Beseitigung der Klöster und geistlichen Institute mit Ausnahme der dem öffentlichen Unterricht gewidmeten angeordnet.

Nach der Wiederherstellung der Monarchie ist eine gesetzliche Ausdehnung der Säkularisationsgesetze auf die neuerworbenen Landestheile, namentlich eine Erweiterung des Ediktes vom Jahre 1810, das auf den Niederrhein, Jülich, Cleve, Berg, Westfalen, Sachsen am linken Elbufer, die Ober-Lausitz, Posen und auf die Stadt Danzig und Gebiet keine Anwendung gefunden hatte, nicht erfolgt.

Vielmehr sprach die Kabinets-Ordre vom 9. August 1816 aus, dass eine allgemeine Säkularisation in den neu erworbenen Provinzen nicht eintreten, sondern die Klöster durch Nichtzulassung neuer Novizen allmählich zum Aussterben gebracht werden sollten.

In den gedachten Landestheilen ist demgemäss die Aufhebung jedes einzelnen Klosters im gegebenen Falle durch besondere königliche Ordre verfügt worden. Daher hat sich hier die Beseitigung der Klöster zum Theil noch weit über die dreissiger Jahre hinaus verzögert*). Aber auch in denjenigen Provinzen, in denen eine allgemeine Säkularisation angeordnet worden war, hat diese nicht mit einem Schlage durchgeführt werden können, vielmehr in vielen Fällen eine längere Zeit in Anspruch genommen.

Enthalten nun auch die aus jener Zeit vorhandenen Akten kein ausreichendes Material für die Anfertigung einer genauen Statistik des Ordenswesens der damaligen Zeit, so lässt sich auf Grund derselben wenigstens eine im ganzen zuverlässige Uebersicht derjenigen Orden und Kongregationen zusammenstellen, welche in dem Zeitraum vom Beginn dieses Jahrhunderts bis etwa in das zweite Jahrzehnt desselben in der preussischen Monarchie vertreten waren. Dieselbe folgt nachstehend:

I. Männliche Genossenschaften.

A. Orden.

1. Benedictiner in Westfalen, Sachsen und Schlesien,
2. Cistercienser in Schlesien, der Niederlausitz, in Preussen und Posen,
3. Carthäuser in Preussen und Sachsen,
4. Bernhardiner in Posen,
5. Franziskaner-Minoriten } in Posen, Preussen, Schlesien, Sachsen, Westfalen und der Rheinprovinz,
6. Franziskaner-Reformaten }
7. Dominikaner in Posen, Preussen, Schlesien, Westfalen und in der Rheinprovinz,
8. beschuhte Karmeliter } in Posen und Schlesien,
9. unbeschuhte Karmeliter }
10. Augustiner in Preussen, Schlesien und Sachsen,
11. Trinitarier in Posen,
12. barmherzige Brüder vom h. Johannes de Deo in Schlesien, Preussen und Westfalen,

*) Vereinzelt sogar bis in die allerneueste Zeit. Das Franziskaner-Reformaten-Kloster zu Neustadt in Westpreussen war schon durch die Kabinets-Ordre vom 7. September 1834 aufgehoben, welche zugleich die Realitäten desselben zur Disposition des Finanzministers gestellt hatte. Aus Humanitätsrücksichten beliess man einige der früheren Mönche bejahrten Alters in den Räumen desselben, ehe aber der letzte dieser Mönche im Jahre 1850 starb, wurden von den geistlichen Behörden neue Franziskaner dorthin gesandt, so dass zuerst stets 6 bis 7, später sogar 20 bis 30 in dem säkularisirten Kloster umsonst wohnten. Trotz wiederholter Berichte der Local- und Provinzialbehörden sind die Mönche, welche nicht das mindeste Recht auf das Kloster hatten, dort Jahre lang geduldet worden, und erst seit dem Jahre 1872 hat man an entscheidender Stelle ihre Entfernung, welche auch im folgenden Jahre stattgefunden hat, in Aussicht genommen. Sie sind darauf in ein Gebäude derselben Stadt übergesiedelt, welches ein Privatmann aufgeführt hat, und für welches der Baukonsens unter dem Vorgeben eines zu errichtenden Speichers nachgesucht worden ist. Ob der angebliche Speicher als Klosterkirche benutzt werden wird, steht, soweit mir die Verhältnisse bekannt sind, noch dahin.

13. Kapuziner in Westfalen und Schlesien,
14. Trappisten in Westfalen,
15. regulirte Chorherrn vom Lateran in Schlesien und Posen,
16. Kreuzherrn in Schlesien und Posen.

B. Männliche Kongregationen.

1. Celliten oder Alexianer in der Rheinprovinz,
2. Oratorianer (Philippiner) in Preussen,
3. Vincentiner oder Lazaristen in Posen,
4. Pauliner in Preussen.

II. Weibliche Genossenschaften.

A. Orden.

1. Benedictinerinnen in Posen, Preussen, Schlesien und Sachsen,
2. Cistercienserinnen in Preussen, Schlesien und Sachsen,
3. Norbertinerinnen in Preussen und Posen,
4. Franziskanerinnen in Posen,
5. Klarissinnen in Posen und der Rheinprovinz,
6. Klosterfrauen des Ordens der heil. Maria Magdalena von der Busse in Schlesien,
7. Augustinessen in Sachsen,
8. Karmelitessen in der Rheinprovinz,
9. Servitessen ebendaselbst,
10. Brigittinerinnen in Preussen,
11. Kapuzinessen in Westfalen,
12. Elisabethinerinnen nach der III. Regel des h. Franziskus in Schlesien,
13. Theresianerinnen in Posen,
14. Ursulinerinnen (anscheinend v. d. regulirten Zweige derselben) in Posen, Schlesien und Sachsen.

B. Kongregationen.

1. Cellitinnen in der Rheinprovinz,
2. Katharinerinnen in Preussen,
3. barmherzige Schwestern v. h. Vincenz v. Paula (Vincentinerinnen) in Posen und Preussen,
4. Elisabethinerinnen in der Rheinprovinz,
5. Schwestern der Congregatio b. Mariae Virginis vom seligen Peter Fourier ebendaselbst,
6. Schwestern vom Salvator-Institut }
7. Christenser-Frauen } in der Rheinprovinz.
8. Frauen vom Stephanshof }

Dieser Uebersicht mag zunächst gegenüber gesetzt werden der Bestand der Orden und Kongregationen, welchen die in der zweiten Hälfte des Jahres 1872 und der ersten des Jahrrs 1873 erhobenen amtlichen Ermittelungen ergeben haben.

I. Männliche Genossenschaften.

A. Orden.

	Zahl der Niederlassungen und Stationen.	Zahl der Mitglieder.
1. Benediktiner in Hohenzollern (Erzdiöcese Freiburg)	1	60*)
Zweck, resp. Beschäftigung: wissenschaftliche Studien, Pflege des Kirchengesanges, der Malerei und Bildhauerei, aushülfsweise Beschäftigung mit der Seelsorge.		
2. Carthäuser in der Rheinprovinz (Erzdiöcese Cöln)	1	4
Zw., r. Besch.: Beschauliches Leben und Landbau.		
3. Augustiner-Eremiten in Hannover (Diöcese Hildesheim)	1	5
Zw., r. Besch.: Predigten, Messe, Beichthören bei Wallfahrten, Aushülfe in der Seelsorge.		
4. Dominikaner in der Rheinprovinz und in Moabit bei Berlin (Erzdiöcese Cöln u. Delegaturbezirk Breslau)	2	27
Zw., r. Besch.: Seelsorge und Pfarrgottesdienst.		
5. Franziskaner-Reformaten		
a) gehörig zur westfälischen Ordensprovinz sub titulo s. Crucis, umfassend Westfalen, die Rheinprovinz und Schlesien (Diöcesen Münster, Paderborn, Cöln, Trier, Breslau)	16	345 (a und b zusammen)
b) gehörig zur provincia immaculatae conceptionis b. virginis Mariae, umfassend Preussen und Posen (Diöcesen Culm u. Gnesen-Posen)	7	
Zw., r. Besch.: Ausübung der Seelsorge und Aushülfe in derselben.		
6. Franziskaner-Observanten in Kurhessen, Hannover, Nassau und Hohenzollern (Diöcesen Fulda, Hildesheim, Limburg und Freiburg)	5	75
Zw., r. Besch.: Unterstützung d. Pfarrgeistlichkeit.		
Zu übertragen	33	516

*) Es sind die Professen, dienenden Brüder, Novizen und Postulanten zusammengezählt, da sie in den Erhebungen nicht durchgehends getrennt gehalten worden sind. Dies Verfahren erscheint deshalb statthaft, weil in den seltensten Fällen die Postulanten und Novizen die Genossenschaft wieder verlassen.

	Zahl der Niederlassungen und Stationen.	Mitglieder.
Uebertrag	33	516
7. Franziskaner-Minoriten, gehörig zur Ordensprovinz Würzburg, in der Rheinprovinz (Diöcese Trier).	2	7
Zw., r. Besch.: s. vorher unter 6.		
8. Barmherzige Brüder des h. Johannes de Deo von der schlesischen Ordensprovinz in Schlesien (Diöcese Breslau)	6	83
Zw., r. Besch.: Krankenpflege.		
9. Kapuziner in Westfalen und der Rheinprovinz (Diöcesen Münster und Trier)	4	33
Zw., r. Besch.: Aushülfe in der Seelsorge.		
10. Trappisten in der Rheinprovinz (Erzdiöcese Cöln)	1	45
Zw., r. Besch.: Beschauliches Leben.		
Summe A.	46	684

B. Kongregationen.

1. Oratorianer oder Philippiner in Posen (Erzdiöcese Gnesen-Posen)	2	19
Zw., r. Besch.: Aushülfe in der Seelsorge.		
2. Alexianer oder Celliten in der Rheinprovinz (Erzdiöcese Cöln)	9	111
Zw., r. Besch.: Krankenpflege in den Häusern und Spitälern, Leitung von Irren-Anstalten, Beerdigung der Todten.		
Vgl. Regelbuch der Celliten, auch Alexianer-Brüder. Aachen, 1870. Druck v. Urlichs Sohn. Selbstverlag der Genossenschaft.		
Statuten der Celliten u. s. w. wie vorstehend.*)		
Die Statuten sind v. d. Congregatio episcoporum et regularium am 12. September 1870 bestätigt.		
3. Franziskaner-Tertiarier, arme Brüder aus dem Mutterhause zu Aachen am Lusberge, gegründet 1857, in der Rheinprovinz und zu Moabit bei Berlin (Erzdiöcese Cöln, Diöcese Münster und Delegatur-Bezirk Breslau)	5	50
Zu übertragen	16	180

*) Soweit die in Gebrauch befindlichen Statuten gedruckt sind und sich nicht in allgemein zugänglichen Werken finden, sind sie jedesmal genau angeführt.

	Zahl der Niederlassungen und Stationen.	Mitglieder.
Uebertrag	16	180
Zw., r. Besch.: Erziehung von Waisen und verwahrlosten Kindern.		
4. Brüder der christlichen Schulen (Schulbrüder, Frères Ignorantins gestiftet vom Abbé de la Salle 1680) in der Rheinprovinz (Erzdiöcese Cöln u. Diöcese Trier)	3	52
Zw., r. Besch.: Unentgeltlich Schule zu halten, namentlich für die Kinder der Handwerker und Armen, sowie den Kindern eine christliche Erziehung zu geben.		
Vgl. Die christlichen Schulbrüder. II. Regeln und Constitutionen des Instituts der christlichen Schulen. Aus dem Französischen. Augsburg 1856. Verlag der Kollmannschen Buchhandl.		
Conduite à l'usage des écoles chrétiennes. Versailles, Beau, imprimeur-libraire 1870 (mit Einleitung des jüngst verstorbenen General-Oberen der Kongregation Philippe).		
5. Franziskaner-Tertiarier von Waldbreitbach in der Rheinprovinz (Diöcese Trier)	3	30
Zw., r. Besch.: Bethätigung der Nächstenliebe an Armen durch Kindererziehung und Krankenpflege.		
Vgl. Statuten der Franziskaner-Tertiarier-Brüder von Waldbreitbach. Linz a. Rhein. Druck v. C. Krumscheid (ohne Jahr).		
Die Statuten sind 1869 bischöflich bestätigt.		
6. Brüder der christlichen Liebe in der Rheinprovinz und Westfalen (Diöcese Münster)	2	mindestens 2
Zw., r. Besch.: Uebung der Nächstenliebe, insbesondere Hülfeleistung bei der Erziehung von verwahrlosten Knaben.		
Vgl. Statut für die Congregation der Brüder der christlichen Liebe. Münster, gedruckt bei Fr. Regensberg. 1865.		
Die Statuten sind 1865 bischöflich bestätigt.		
7. Barmherzige Brüder der Diöcese Limburg aus dem Mutterhause zu Montabaur in Nassau		
Zu übertragen	24	264

	Zahl der Niederlassungen und Stationen.	Mitglieder.
Uebertrag	24	264
und Frankfurt a. M. (Diöcese Limburg), entstanden 1856	5	50
Zw., r. Besch.: Werke der Nächstenliebe und gemeinnützige Dienstleistungen kirchlicher Art, namentlich Verpflegung männlicher Kranken, Uebernahme der Haushaltung in kirchlichen Anstalten (z. B. Knaben-Convikten), Besorgung der Küster- und anderer niederen Kirchendienste.		
8. Barmherzige Brüder aus dem Mutterhause Coblenz in der Rheinprovinz (Diöcese Trier) . .	3	34
Zw., r. Besch.: Werke der Barmherzigkeit, namentlich Krankenpflege in und ausser dem Hause. Die Statuten sind 1868 bischöflich bestätigt.		
Summe B.	32	348
Dazu Summe A.	46	684
Gesammtzahl	78	1032

Nicht in Ansatz gebracht sind die Jesuiten, Redemptoristen, Vincentiner und Väter v. h. Geist, (zusammen hatten dieselben etwa 28 Niederlassungen und 500—600 Mitglieder), weil deren Häuser in Folge der Reichsgesetzgebung aufgelöst sind.

II. Weibliche Genossenschaften.

A. Orden.

	Zahl der Niederlassungen und Stationen.	Mitglieder.
1. Benediktinerinnen in Kurhessen (Diöcese Fulda)	1	18
Zweck, resp. Beschäftigung: Askese, auch Unterricht von Mädchen.		
2. Unbeschuhte Carmeliterinnen in der Rheinprovinz und Posen (Erzdiöcesen Cöln und Gnesen-Posen)	4	69
Zw., r. Besch.: Beschauliches Leben. Vgl. Règles et constitutions des religieuses déchaussées de l'ordre de N. D. du Mont Carmel. Gand 1859.		
3. Beschuhte Carmeliterinnen in der Rheinprovinz (Diöcese Münster)	1	14
Zw., r. Besch.: Beschauliches Leben.		
4. Magdalenerinnen von der Busse in Schlesien (Diöcese Breslau)	2	49
Zu übertragen	8	150

	Zahl der Niederlassungen und Stationen.	Mitglieder.
Uebertrag	8	150
Zw., r. Besch.: Krankenpflege, auch Ertheilung von Elementar-Unterricht.		
5. Klarissinnen-Coletinnen in Westfalen und der Rheinprovinz (Diöcesen Münster und Cöln)	2	44
Zw., r. Besch.: Beschauliches Leben, Handarbeiten für kirchliche Zwecke.		
6. Frauen-Orden von der Heimsuchung Mariä (ordo visitationis b. Mariae Virginis), auch Salesianerinnen oder Visitantinnen, in der Rheinprovinz, Westfalen, Hannover und Posen (Diöcesen Trier, Paderborn, Hildesheim und Gnesen-Posen)	4	111
Zw., r. Besch.: Beschauliches Leben, neuerdings auch Erziehung und Unterricht der Mädchen in von ihnen eingerichteten Pensionaten;		
Vgl. Regeln des h. Augustinus, Satzungen und Directorium für die Schwestern des Ordens von der Heimsuchung Mariä, aus dem Französischen neu übersetzt. Wien 1862.		
7. Geistliche Jungfrauen von d. h. Ursula in Westfalen, der Rheinprovinz, Schlesien, Sachsen, Brandenburg, Posen, Hessen, Hannover (Diöcesen Münster, Paderborn, Cöln, Trier, Breslau, Gnesen-Posen, Osnabrück, Hildesheim und Fulda*)	25	663
Zw., r. Besch.: Ertheilung von Unterricht und andere Werke der Nächstenliebe.		
Vgl. die Regel des h. Augustinus auf die Constitutionen der h. Ursulae Regeln der geistlichen Jungfrawen d. h. Ursulae. Wien 1662.		
Regeln des h. Augustin nach d. Constitutionen d. geistlichen Jungfrauen d. h. Ursula. Wien 1836.		
Regel des h. Augustinus für die Klosterfrauen des Ordens der h. Ursula. Saarlouis 1854.		
Regel des h. Augustinus und die beiden ersten		
Zu übertragen	39	968

*) Es ist möglich, dass die eine oder die andere der Niederlassungen zu dem nicht regulirten Zweige der Ursulinerinnen gehört, und in derselben nur vota simplicia abgelegt werden.

	Zahl der Niederlassungen und Stationen.	Mitglieder.
Uebertrag	39	968
Theile der Constitutionen der h. Ursula. Berlin 1868.		
8. Elisabethinerinnen nach der III. Regel des h. Franziskus in Schlesien (Diöcese Breslau)	3	43
Zw., r. Besch.: Verpflegung armer weiblicher Kranken.		
Vgl. Satzungen und Aemter-Ordnung der Schwestern des h. Elisabethiner-Ordens etc. Breslau 1755.		
9. Benediktinerinnen von der ewigen Anbetung in der Rheinprovinz, Sachsen und Hannover (Diöcesen Trier, Cöln, Paderborn und Osnabrück)	4	98
Zw., r. Besch.: Anbetung des Sakramentes, Handarbeiten für kirchliche Zwecke, Ertheilung von Unterricht, insbesondere Aufnahme von Mädchen zur Erziehung in die Klöster.		
Vgl. Constitutionen zur Regel des h. Paters Benediktus für die Klosterfrauen v. d. ewigen Anbetung des allerheiligsten Sakramentes, bestätigt durch . . . Clemens XI. Rom 1705. Bonn gedruckt bei Carthaus (nach 1867).		
10. Rekollektinnen (religieuses réformées du tièrce ordre de S. François) in der Rheinprovinz (Erzdiöcese Cöln)*)	7	52
Zw., r. Besch.: Ertheilung von Unterricht.		
Summe A.	53	1161

B. Kongregationen.

1. Cellitinnen (Frauen-Orden nach der Regel des h. Augustin zur h. Elisabeth) in der Rheinprovinz (Erzdiöcese Cöln)	3	56
Zweck, resp. Beschäftigung: Krankenpflege.		
2. Cellitinnen zur h. Gertrud in der Rheinprovinz (Erzdiöcese Cöln)	1	18
Zw., r. Besch.: Krankenpflege.		
Zu übertragen	4	74

*) Von diesen gilt dasselbe, was in der Note S. 18 hinsichtlich der Ursulinerinnen bemerkt worden ist.

	Zahl der Niederlassungen und Stationen.	Mitglieder.
Uebertrag	4	74
3. Cellitinnen zur h. Maria in der Rheinprovinz (Erzdiöcese Cöln)	4	49
Zw., r. Besch.: Krankenpflege. Vgl. zu 2 u. 3: Regel für die Kongregation der Cellitinnen. Cöln. Druck u. Verlag von J. P. Bachem (ohne Jahr).		
4. Katharinerinnen (gestiftet 1583) in Preussen (Diöcese Ermland)	15	ca. 134
Zw., r. Besch.: Ausübung christlicher Liebeswerke, namentlich Unterricht von Mädchen, Erziehung von Waisenkindern, auch Ausübung der Krankenpflege.		
5. Schwestern v. S. Salvator-Institut (gestiftet 1594) in der Rheinprovinz (Erzdiöcese Cöln) . . .	2	19
Zw., r. Besch.: Erziehung und Unterricht.		
6. Christenser-Frauen in der Rheinprovinz (Erzdiöcese Cöln)	2	15
Zw., r. Besch.: weibliche Krankenpflege.		
7. Frauen vom klösterlichen Institut, genannt Stephanshof in der Rheinprovinz (Erzdiöcese Cöln)	1	3
Zw., r. Besch.: Unterricht.		
8. Barmherzige Schwestern v. h. Vincenz v. Paula, auch Vincentinerinnen, Lazaristinnen, soeurs de charité, Töchter der christlichen Liebe genannt, aus dem Mutterhause zu Nippes bei Cöln in der Rheinprovinz (Erzdiöcese Cöln).	9	71
Zw., r. Besch.: Krankenpflege und Kinder-Erziehung.		
9. Barmherzige Schwestern v. h. Vincenz v. Paula aus dem Mutterhause zu Culm in Preussen, Posen und Schlesien (Diöcesen Culm, Ermland, Gnesen-Posen, Breslau)	24	208
Zw. r. Besch.: Krankenpflege u. Kindererziehung		
10. Barmherzige Schwestern v. h. Vincenz v. Paula aus dem Mutterhause zu Strassburg in Nassau und Hohenzollern (Diöcesen Limburg u. Freiburg) . . .	5	32
Zw. r. Besch.: Krankenpflege u. Kindererziehung.		
Zu übertragen	66	605

	Zahl der Niederlassungen und Stationen.	Mitglieder.
Uebertrag	66	605
11. Barmherzige Schwestern v. h. Vincenz v. Paula aus dem Mutterhause zu Paderborn in Westfalen und Sachsen (Diöcese Paderborn)	42	289
Zw., r. Besch.: Werke der Barmherzigkeit, namentlich Pflege der Armen in den Spitälern.		
12. Barmherzige Schwestern v. h. Vincenz v. Paula aus dem Mutterhause zu Fulda in Kurhessen und Sachsen (Diöcese Fulda und Paderborn)	14	73
Zw., r. Besch.: Krankenpflege u. Kindererziehung.		
13. Barmherzige Schwestern v. h. Vincenz v. Paula aus dem Mutterhause zu München in Kurhessen (Diöcese Fulda)	1	5
Zw., r. Besch.: Krankenpflege.		
14. Barmherzige Schwestern v. h. Vincenz v. Paula, auch Schwestern der göttlichen Vorsehung aus dem Mutterhause zu St. Mauritz bei Münster in Westfalen und Hannover (Diöcese Münster u. Osnabrück)	6	34*)
Zw., r. Besch.: Erziehung v. Waisenkindern und Haushaltung in bischöflichen Konvikten.		
Vgl. Regeln für die Genossenschaft der Schwestern von der göttlichen Vorsehung im Waisenhause auf St. Mauritz bei Münster. Münster 1844.		
15. Schwestern v. d. h. Elisabeth nach der III. Regel des h. Franziskus aus dem Mutterhause zu Aachen in der Rheinprovinz (Erzdiöcese Cöln)	3	56
Zw., r. Besch.: Krankenpflege.		
16. Barmherzige Schwestern v. h. Carl Borromäus, Borromäerinnen aus dem Mutterhause zu Trier in der Rheinprovinz, Westfalen, Preussen, Schlesien, Brandenburg, Hannover (Diöcesen Trier, Cöln, Culm, Breslau und Osnabrück)	39	410
Zw., r. Besch.: Krankenpflege, auch Kinder-Unterricht.		
Vgl. Regeln und Statuten der Kongregation		
Zu übertragen	171	1472

*) In 3 der angegebenen Niederlassungen, die Zahl der Mitglieder der übrigen ist nicht ermittelt.

	Zahl der Niederlassungen und Stationen.	Mitglieder.
Uebertrag	171	1472
der barmherzigen Schwestern v. h. Carl Borromäus zu Nancy. Saarlouis 1861.		
17. Barmherzige Schwestern v. h. Carl Borromäus, Borromäerinnen aus dem Mutterhause zu Trebnitz (ehemals Neisse) in Schlesien und Pommern (Diöcese und Delegatur-Bezirk Breslau)	55	383
Zw., r. Besch.: wie zu 16.		
Vgl. die h. Regel d. barmherzigen Schwestern v. St. Carl Borromäus zu Neisse. Breslau 1863.		
18. Frauen vom guten Hirten (von der Liebe des guten Hirten) aus dem Mutterhause zu St. Mauritz bei Münster in Westfalen, Schlesien und Brandenburg (Diöcesen Münster und Breslau)	3	83
Zw. r. Besch.: Bekehrung und Rettung gefallener Frauen und Mädchen, Erziehung verwahrloster Kinder weiblichen Geschlechts.		
19. Frauen vom guten Hirten aus dem Mutterhause zu Aachen (Erzdiöcese Cöln)	1	21
Zw., r. Besch,: wie zu 18.		
20. Frauen vom guten Hirten zu Melaten bei Cöln (Erzdiöcese Cöln)	1	22
Zw., r. Besch.: wie zu 18.		
21. Frauen vom guten Hirten zu St. Paulin bei Trier aus dem Mutterhause zu München	1	25
Zw., r. Besch.: wie zu 18.		
22. Englische Fräulein in Frankfurt a. M. und Fulda (Diöcesen Limburg und Fulda)	2	34
Zw., r. Besch.: Unterricht des weiblichen Geschlechts.		
Vgl. Regel des Instituts Mariae. Augsburg (ohne Jahr, anscheinend im vorigen Jahrhundert gedruckt).		
23. Schwestern der Congregatio b. Mariae Virginis v. sel. Peter Fourier (Congrégation de Notre-Dame de Trèves) in der Rheinprovinz und Westfalen (Diöcesen Trier, Cöln und Paderborn)	3	85
Zw., r. Besch.: Erziehung der weiblichen Jugend durch Haltung von Schulen und Pensionaten.		
Zu übertragen	237	2125

	Zahl der Niederlassungen und Stationen.	Mitglieder.
Uebertrag	237	2125
24. Barmherzige Schwestern v. Clemens-Hospital zu Münster (gestiftet 1805, Nachbildung der Vincentinerinnen, vgl. unter No. 8ff) in Westfalen und der Rheinprovinz (Diöcesen Münster, Paderborn und Trier)	ca. 50	ca. 250
Zw., r. Besch.: Krankenpflege. Vgl. Frhr. Clemens Droste zu Vischering, üb. d. Genossenschaften der barmherzigen Schwestern. Münster 1833, 2. Ausgabe 1838.		
25. Franziskanerinnen vom III. Orden d. h. Franziskus aus dem Mutterhause zu Siessen (in Würtemberg) in Hohenzollern (Erzdiöcese Freiburg), Statuten 1829 approbirt.	3	6
Zw., r. Besch.: Schul-Unterricht und Erziehung der weiblichen Jugend.		
26. Schwestern der Busse u. christlichen Liebe (Franziskanessen) vom III. Orden des h. Franziskus aus dem Mutterhause Heithuizen (Holland) gestiftet 1834, in Westfalen, der Rheinprovinz und Preussen (Diöcese Münster, Cöln, Trier und Culm) .	22	352
Zw., r. Besch.: Erziehung und Unterricht der Jungend u. Krankenpflege, Sorge für Nothleidende. Vgl. Regeln u. Constitutionen der Schwestern v. d. Busse u. d. christlichen Liebe etc. Gülpen, Buchdruckerei v. M. Alberts (ohne Jahr, aber nach 1869 gedruckt). Konstitutionen bestätigt durch Dekret der Congregatio de Propaganda fide v. 23. August 1869.		
27. Arme Schulschwestern de notre Dame aus dem Mutterhause zu München, gestiftet in Baiern 1833, in Westfalen, Schlesien und Kurhessen (Diöcesen Paderborn, Münster, Breslau, Olmütz, Prag und Fulda) .	28	182
Zw., r. Besch.: Unterricht der weiblichen Jugend. Vgl. Regeln und Konstitutionen des klösterlichen Instituts der armen Schulschwestern der		
Zu übertragen	340	2915

	Zahl der Niederlassungen und Stationen.	Mitglieder.
Uebertrag	340	2915
Notre Dame etc. München 1868. Druck der M. Pössenbacherschen Buchdruckerei.		
Approbirt durch die Dekrete der Congregatio episcoporum et regularium v. 13. Juli 1859 u. 26. August 1865.		
28. Barmherzige Schwestern v. Orden d. h. Elisabeth zu Essen (entstanden aus den dortigen 3 Beguinen-Konventen i. J. 1841) in der Rheinprovinz und Westfalen (Erzdiöcese Cöln und Diöcese Paderborn) .	5	43
Zw., r. Besch.: Pflege der Kranken ohne Unterschied des Standes, Geschlechts und Glaubens und Beförderung des Seelenheils der Kranken.		
Vgl. Regel, Statuten und Instruktionen der Klostergemeinde der barmherzigen Schwestern v. Orden d. h. Elisabeth in Essen. Essen. Druck von G. D. Bädeker 1859, erzbischöflich approbirt den 18. August 1843.		
29. Graue Schwestern v. d. h. Elisabeth aus dem Mutterhause zu Neisse, gestiftet 1842, in Schlesien, Brandenburg, Sachsen, Posen, Preussen (Diöcesen Breslau, Prag, Posen, Paderborn, Culm u. Ermland), fürstbischöflich approbirt 1859	62	310
Zw., r. Besch.: Ambulante Krankenpflege, unter Umständen auch Krankenpflege in öffentlichen Anstalten, in dringenden Fällen Erziehung und Unterricht der christlichen Jugend in Schulen und Waisenhäusern.		
30. Barmherzige Schwestern v. d. Regel des heil. Augustin (hervorgegangen u. 1841 aus d. ehemaligen Cellitinnen-Kloster zu Düsseldorf) in der Rheinprovinz (Erzdiöcese Cöln)	5	48
Zw., r. Besch.: Armen-, Kranken-, Irren-, und Waisen-Pflege.		
31. Schwestern v. d. Genossenschaft vom armen Kinde Jesu (seit etwa 1847) in der Rheinprovinz, Westfalen, Schlesien (Diöcesen Cöln, Trier, Münster u. Breslau)	23	560
Zw., r. Besch.: Pflege, Erziehung, Unterweisung der katholischen armen weiblichen Jugend, ins-		
zu übertragen	435	3876

	Zahl der Niederlassungen und Stationen.	Mitglieder.
Uebertrag	435	3876
besondere der verlassenen und den Gefahren der Entsittlichung ausgesetzten Mädchen.		
32. Arme Dienstmägde Christi aus dem Mutterhause zu Dernbach (in Nassau), gestiftet 1849 in Nassau, Frankfurt a. M., der Rheinprovinz und Westfalen (Diöcesen Limburg, Cöln, Trier, Münster u. Paderborn)	91	541
Zw., r. Besch.: Krankenpflege u. Erziehung der weiblichen Jugend. Vgl. Statuten der Genossenschaft der armen Dienstmägde Jesu Christi. Limburg 1870. Druck von J. Mehlhaus. Approbirt durch die Congregatio episcoporum et regularium am 1. Juni 1870.		
33. Schwestern der christlichen Liebe (Töchter der allerseligsten Jungfrau Maria von der unbefleckten Empfängniss) aus dem Mutterhause Paderborn, gestiftet 1849, in Westfalen, Sachsen, der Rheinprovinz und Hohenzollern (Diöcesen Paderborn, Cöln und Freiburg)	13	145
Zw., r. Besch.: Unterricht u. Pflege der Blinden, auch Erziehung und Unterricht der Jugend.		
34. Schwestern v. h. Kreuz (soeurs de la sainte croix) aus dem Mutterhause zu Strassburg, gestiftet 1851 in Westfalen (Diöcese Paderborn)	1	4
Zw., r. Besch.: Erziehung armer Kinder und Pflege der Kranken.		
35. Schwestern v. h. Kreuz aus dem Mutterhause zu Aspel (Reg. Düsseldorf) in der Rheinprovinz (Diöcese Münster und Cöln)	15	209
Zw., r. Besch.: Unterweisung der Mädchen, besonders armer, Pflege der Kranken, der weiblichen Gefangenen und Büsserinnen sowie Verrichtung anderer Liebeswerke. Vgl. Regeln des h. Augustinus für die Genossenschaft der Schwestern v. h. Kreuz und Konstitutionen für die Genossenschaft etc. aus dem französischen übersetzt. Münster 1853. Coppenrathsche Buchdruckerei.		
Zu Uebertragen	555	4775

	Zahl der Niederlassungen und Stationen.	Zahl der Mitglieder.
Uebertrag	555	4775
Approbirt durch die Congregatio episcoporum et regularium d. 9. Mai 1851.		
36. Barmherzige Schwestern v. h. Kreuz aus dem Mutterhause zu Ingenbohl (Kanton Schwyz), gestiftet 1852, in Hohenzollern (Diöcese Freiburg)	1	11
Zw., r. Besch.: Pflege der Armen, Waisen, Verwahrlosten, Sträflinge u. anderer Hülfsbedürftigen.		
37. Verein der barmherzigen Schwestern v. heil. Vincenz v. Paula (Congregatio sororum caritatis), gestiftet 1851 (Nachbildung von No. 8), in Hannover (Diöcese Hildesheim)	11	73
Zw., r. Besch.: Krankenflege.		
38. Arme Schwestern v. h. Franziskus aus dem Mutterhause zu Aachen, gestiftet um 1851, in der Rheinprovinz, Westfalen, Sachsen und Schleswig (Diöcesen Cöln, Trier, Paderborn und Provikariatsbezirk von Osnabrück)	28	421
Zw., r. Besch.: Pflege der armen Kinder in deren Wohnung und in Anstalten, Unterstützung armer Familien und verlassener Personen, überhaupt Werke der Barmherzigkeit gegen Hülfsbedürftige, Büsserinnen und Gefangene.		
39. Barmherzige Schwestern oder Krankenschwestern nach der III. Regel des h. Franziskus aus dem Mutterhause zu St. Mauritz bei Münster, gestiftet 1853, in Westfalen, Schlesien und Hannover (Diöcesen Münster, Paderborn, Breslau, Prag und Osnabrück)	ca. 45	ca. 274
Zw., r. Besch.: Krankenpflege in eigenen Häusern und auf dem Lande.		
40. Schwestern Unserer lieben Frauen aus dem Mutterhause zu Coesfeld, gestiftet 1853, in Westfalen und Hannover (Diöcesen Münster und Osnabrück)	31	226
Zw., r. Besch.: Erziehung der weiblichen Jugend, insbesondere armer, verwaister und verwahrloster Mädchen.		
41. Arme Mägde Marias von der unbefleckten		
Zu übertragen	671	5780

	Zahl der Niederlassungen und Stationen.	Mitglieder.
Uebertrag	671	5780
Empfängniss, gestiftet 1856, in Posen und Schlesien (Diöcesen Gnesen-Posen und Breslau) . . .	25	112
Zw., r. Besch.: Anlegung und Unterhaltung von Kinderbewahr-Anstalten, Gewinnung des Lebensunterhaltes durch ländliche Arbeiten. Vgl. Regel für die Kongregation der Mägde Marias von der unbefleckten Empfängniss. Posen, Verlag von Bojanowski 1869. Erzbischöflich approbirt im Jahre 1866.		
42. Schwestern der Kongregation der h. Hedwig aus dem Mutterhause zu Breslau, gestiftet 1856, in Schlesien (Diöcesen Breslau und Prag)	8	58
Zw., r. Besch.: Verwaiste, verlassene, der Verwahrlosung anheimfallende oder schon verwahrloste Kinder zu erziehen, zu retten und dem katholischen Glauben und einem christlichen Lebenswandel wieder zu sichern.		
43. Arme Marienschwestern seit 1856, in Breslau (Diöcese Breslau)	1	10
Zw., r. Besch.: Sittliche Hebung weiblicher Dienstboten.		
44. Franziskanerinnen v. d. h. Familie zu Eupen seit etwa 1857, in der Rheinprovinz (Erzdiöcese Cöln)	7	69
Zw., r. Besch.: Pflege der Kranken und Irren in öffentlichen Anstalten, Krankenpflege in den Wohnungen, Heimsuchung und Tröstung armer Familien und einzelner weiblicher Personen, Führung öffentlicher Küchen für Arme in Zeiten der Noth, ausnahmsweise Haltung von Warteschulen für nicht schulpflichtige Kinder und Leitung von Arbeitsschulen für nicht mehr schulpflichtige Mädchen.		
45. Schulschwestern des III. Ordens des h. Franziskus aus dem Mutterhause Gieboldehausen seit 1857 in Hannover (Diöcese Hildesheim) . . .	7	32
Zw., r. Besch.: Erziehung und Unterricht der weiblichen Jugend in den Volksschulen.		
Zu übertragen	719	6061

	Zahl der Niederlassungen und Stationen.	Mitglieder.
Uebertrag	719	6061
Vgl. Regel und Statuten der dritten Ordens- oder Schulschwestern in Tirol etc. Innsbruck 1853.		
46. Schwestern v. St. Georgsstifte zu Thuine vom III. Orden des h. Franziskus, gestiftet 1857, in Hannover (Osnabrück)	2	39
Zw., r. Besch.: Pflege und Unterricht verwahrloster Kinder und Krankenpflege.		
47. Augustinerinnen oder Schwestern des Ordens v. h. Geiste, seit 1857, in der Rheinprovinz (Diöcese Trier)	4	40
Zw., r. Besch.: Erziehung und Unterricht der weiblichen Jugend, auch Krankenpflege.		
48. Arme Schwestern der Barmherzigkeit zu Haus Bethlehem bei Herford, seit 1858, in Westfalen (Diöcese Paderborn)	1	20
Zw., r. Besch.: Unterricht und Erziehung armer verlassener und verwaister katholischer Kinder, auch Krankenpflege.		
49. Arme Franziskanerinnen von der ewigen Anbetung aus dem Mutterhaus zu Olpe, seit 1859, in Westfalen (Diöcese Paderborn)	4	35
Zw., r. Besch.: Pflege der Kranken und Armen in der Wohnung und in Spitälern, Unterricht, Pflege und Erziehung der Jugend, bes. der armen verwaisten und verwahrlosten.		
50. Franziskanessen v. d. h. Herzen Jesu und Mariä aus dem Mutterhaus zu Salzkotten, bischöflich approbirt 1860, in Westfalen, Sachsen, der Rheinprovinz und Hannover (Diöcesen Paderborn, Cöln und Osnabrück)	23	135
Zw., r. Besch.: Pflege der Kranken in Spitälern und in Wohnungen, Pflege verwundeter Krieger auf dem Kriegsschauplatz und in Lazarethen, Erziehung und Pflege armer Waisenkinder.		
51. Salesianerinnen zu St. Mauritz bei Münster, — Nachbildung des unter A. 6. aufgeführten Ordens	1	63
Zu übertragen	754	6393

	Zahl der Niederlassungen und Stationen.	Mitglieder.
Uebertrag	754	6393
52. Schwestern der christlichen Schulen v. der Barmherzigkeit, (des écoles chrétiennes de la miséricorde) seit 1852 in Sachsen (Diöcese Paderborn)	11	67
Zw., r. Besch.: Unterricht und Erziehung der weiblichen Jugend, Krankenpflege in Hospitälern und Wohnungen, auch andere Werke der christlichen Barmherzigkeit.		
53. Arme Franziskanerinnen aus dem Mutterhause Pirmasenz (gestiftet 1864?) in der Rheinprovinz (Erzdiöcese Cöln)	1	3
Zw., r. Besch.: Erziehung verwaister und verwahrloster Kinder, auch Armen- und Krankenpflege.		
54. Franziskaner-Tertiarier-Schwestern aus dem Mutterhaus zu Waldbreitbach, gestiftet 1863, in der Rheinprovinz und Westfalen (Diöcesen Trier und Paderborn)	14	109
Zw., r. Besch.: Kindererziehung und Krankenpflege.		
Vgl. Statuten der Franziskaner-Tertiarier-Schwestern von Waldbreitbach. Linz a. Rh. Druck v. C. Krumscheid (ohne Jahr).		
Bischöflich bestätigt d. 16. September 1869.		
55. Franziskanerinnen v. III. Orden des h. Franziskus aus dem Mutterhause zu Schweich, seit 1869 in der Rheinprovinz (Diöcese Trier) . . .	1	16
Zw., r. Besch.: Krankenpflege und Erziehung kleiner Kinder.		
56. Tertiarierinnen des III. Ordens des h. Franziskus, seit 1871 in Sigmaringen (Erzdiöcese Freiburg)	1	11
57. Barmherzige Schwestern aus dem Mutterhaus zu Finthen (Diöcese Mainz) seit 1873 in Nassau (Diöcese Limburg)	1	3
Zw., r. Besch.: Krankenpflege und Privat-Unterricht.		
Summe B.	783	6602
Dazu Summe A.	53	1161
Gesammtzahl	836	7763

Eine blosse Vergleichung der vorstehenden beiden Uebersichten ergiebt, selbst wenn man in Anschlag bringt, dass die erstere die später erworbenen Provinzen nicht mit umfasst, welchen bedeutenden Aufschwung das geistliche Genossenschafts-Wesen in der fraglichen Zeit genommen hat.

Allerdings sind, während früher 16 Manns-Orden vertreten waren, jetzt nur 10 repräsentirt, dafür ist aber die Zahl der männlichen Kongregationen von 4 auf 8 gestiegen, ungerechnet die 3 oben erwähnten, den Jesuiten verwandten Kongregationen.

Noch stärker zeigt sich die Vermehrung bei den weiblichen Genossenschaften. Wenngleich die Zahl der Orden von 14 auf 10 gesunken ist, so beträgt die Zahl der Kongregationen jetzt 57, während ihre Anzahl früher nur 8 war.

Die Zunahme ist in der That aber eine noch grössere, als sie nach dieser Vergleichung erscheint. Es ist nämlich zu berücksichtigen, dass die geringste Zahl der Niederlassungen von der Säkularisation verschont geblieben ist, dass also auch diejenigen Orden und Kongregationen, welche gleichzeitig in beiden Uebersichten vorkommen, zum grössten Theil erst in der neueren Zeit sich wieder angesiedelt, mindestens aber in derselben ihre Niederlassungen vermehrt haben.

Das beweisen die nachstehenden Tabellen über die Entstehungszeiten der letzteren.

I. Männliche Orden und Kongregationen.

Von den 78 oben nachgewiesenen Niederlassungen und Stationen waren vorhanden vor der Säkularisation 15

Nach derselben sind entstanden:

a) in den Jahren	1848—1855	13
b) - - -	1855—1860	9
c) - - -	1860—1865	13
d) - - -	1865—1872	21
e) - - -	zw. 1857 u. 1868*)	1
	zusammen	72,

so dass nur 6, von denen die Entstehungszeit nicht hat ermittelt werden können, übrig bleiben.

Seit 1848 sind also 57 neue Niederlassungen, seit 1855 43 solche gegründet worden.

*) Bei allen mit einem *) bezeichneten hat sich die Entstehungszeit nicht näher ermitteln lassen.

II. Weibliche Orden und Kongregationen.

Es haben von 836 Niederlassungen und Stationen

1. überdauert die Säkularisation 32
2. Nach der Säkularisation sind entstanden:

1820	1
zw. 1822 u. 1853*)	2
1826	1
1834	1
1838	3
1840	1
1841	4
1842	1
1843	1
1844	1
1845	3
zw. 1845—1857*)	1
1846	10
1847	6
1848	6
1849	12
1850	9
1851	16
1852	10
1853	14
1854	22
zw. 1853 u. 1854*)	2
1855	19
zw. 1850 u. 1855*)	2
1856	29
1857	28
1858	40
zw. 1856 u. 1858*)	1
1859	22
1860	22
zw. 1854 u. 1860*)	3
Zu übertragen	293

Uebertrag	293
zw. 1857 u. 1860*)	1
1861	24
1862	22
1863	24
zw. 1863 u. 1866*)	1
1864	21
1865	24
zw. 1860 u. 1865*)	2
1866	27
1867	33
zw. 1849 u. 1867*)	1
1868	26
1869	32
zw. 1865 u. 1869*)	2
zw. 1865 u. 1870*)	1
zw. 1867 u. 1870*)	1
1870	15
zw. 1858 u. 1870*)	1
1871	17
1872	9
zw. 1871 u. 1872*)	1
zw. 1870 u. 1872*)	1
1873	1
nach 1841*)	16
nach 1842*)	6
nach 1856*)	39
nach 1857*)	25
nach 1861*)	3
nach 1862*)	15
nach 1863*)	2
zusammen	686

3. Nicht ermittelt ist die Entstehungszeit bei 118

*) Bei allen mit einem *) bezeichneten hat sich die Entstehungszeit nicht näher ermitteln lassen.

Auch diese Tabelle ergiebt, dass die stärkste Zunahme seit dem Beginn des fünften Jahrzehntes stattgefunden hat.

Bis zum Jahre 1853 einschliesslich betrug die Zahl der Niederlassungen, und zwar die nach 1841, resp. 1842 entstandenen 22 eingerechnet, nur 125, nach dem zuerst gedachten Jahre, d. h. innerhalb eines etwa zwanzigjährigen Zeitraumes ist eine Vermehrung eingetreten von . . . 561, d. h. im Jahre durchschnittlich von 28 Niederlassungen, resp. Stationen.

In Wirklichkeit war aber die Zunahme folgende:

Von 1854 bis 1855 incl.	45,	(die Vermehrung ist also unter dem Durchschnitt von 56 geblieben).
Von 1856 bis 1860 (hier eingerechnet die nach 1856 u. 1857 entstandenen Niederlassungen) . .	210,	(die Vermehrung hat den Durchschnitt von 140 weit überstiegen).
Von 1861 bis 1865, eingerechnet die nach 1861, 1862, 1863 entstandenen	138,	(die Vermehrung war entsprechend dem Durchschnitt von 140).
Von 1866 bis 1870	139,	
Von 1870 bis 1873	29,	(die Vermehrung ist weit unter dem Durchschnitt von 84 geblieben).

Ganz dieselbe Erscheinung zeigt die Bewegung der Zahl der Mitglieder der Genossenschaften, wenn man mit den vorher (S. 14) mitgetheilten die Erhebungen des statistischen Büreaus aus den Jahren 1855 (publicirt im preussischen Staatsanzeiger v. 29. u. 30. December 1857 Nr. 306, 307) und 1867 (nach der Volkszählung vom 3. December 1867, abgedruckt in: Preussische Statistik, herausgeg. in zwangslosen Heften vom kgl. statistischen Büreau in Berlin. Heft 21. Berlin 1871. S. 94) zusammenstellt.

Es betrug	1855:	1867:
die Zahl der Orden und Kongregationen angehörigen Männer	397	1635
der Frauen	579	4910

Da diese Zählungen aber die vom Gebiete des deutschen Reiches jetzt ausgeschlossenen Orden und Kongregationen mit umfassen, und diese aus der Uebersicht für 1872, resp. 1873 ausfallen, so müssen für die Vergleichung die Mitglieder jener Genossenschaften von obigen Zahlen abgezogen werden.

Es waren vorhanden		1855:		1867:
Angehörige von Mannsorden		397		1635
darunter:				
1. Jesuiten	29		449	
2. Lazaristen	12		20	
3. Kongregation der Mission, also ebenfalls Lazaristen	4		—	
4. Redemptoristen	18		80	
			Väter v. h. Geiste 12	
		63		561
	bleiben	334		1074

Es waren vorhanden:			
Angehörige von weiblichen Kongregationen	—		4910
		darunter Soeurs du sacré coeur de Jésus	107
		bleiben	4803

Beide vorstehend berücksichtigten Erhebungen beziehen sich nicht auf die i. J. 1866 erworbenen Landestheile, die oben (S. 14) zusammengestellten Tabellen weisen aber auch den Bestand in den letzteren nach. Die Zahl der Mitglieder, welche auf diese fallen, ist also gleichfalls von dem Ergebniss abzuziehen.

Es waren vorhanden	1872/1873:
1. in der ganzen Monarchie männliche	1032
in den neuen Provinzen	126
demnach in den alten Provinzen	906
2. in der ganzen Monarchie weibliche	7763
in den neuen Provinzen	677
demnach in den alten Provinzen	7086

Nach diesen Reduktionen ist die Bewegung in der Zahl der Mitglieder der geistlichen Genossenschaften in den alten Provinzen folgende gewesen:

Zahl der Mitglieder	1855:	1867:	1872/1873:
1. männliche	334	1074	906
2. weibliche	579	4803	7086
Gesammtzahl	913	5877	7992

Es tritt auch hier das durch die Vergleichung der Entstehungszeiten der Niederlassungen gewonnene Resultat hervor, dass die bedeutendste Zunahme in der Zeit von 1855 bis 1865 resp. 1867 stattgefunden hat.

Das Jahr 1855, das Jahr, in welchem das österreichische Konkordat abgeschlossen worden ist, bezeichnet den Höhepunkt der Macht, welchen der ultramontane Katholicismus in Oesterreich erreicht hatte. Seitdem hat derselbe von der in Oesterreich errungenen Position aus, — es bedarf blos eines Hinweises auf den bald darauf in der Abschliessung von Konkordaten mit Würtemberg und Baden errungenen Erfolg — mit aller Energie nach grösserer Machtentfaltung in Deutschland gestrebt. In Preussen hat diese Politik bekanntlich nicht den mindesten Widerstand gefunden. Darin liegt der innere Grund für jene auffällige und rasche Vermehrung der Niederlassungen und ihrer Mitglieder bis zum Jahre 1865, bez. 1867.

Wenn sich nach jenen Jahren in der Zahl der Niederlassungen eine geringere Zunahme zeigt, so erklärt sich dies daraus, dass, nachdem der empfänglichste Boden, diejenigen Landestheile, in welchen die Bestrebungen der ultramontanen Politik den meisten Anhalt in den Bevölkerungen gefunden hatten, zuerst mit einem Netze derartiger Stationen überspannt war, man nunmehr auf einem minder günstigen Terrain arbeiten musste. Die Richtigkeit dieser Erklärung bestätigt das Ergebniss der Tabelle über die Entstehungszeiten der Niederlassungen der weiblichen Genossenschaften, nach welchem in der Zeit von 1855 bis 1860 im Ganzen 210, also etwa 70 Niederlassungen über die Durchschnittszahl gegründet worden, in den nachfolgenden beiden 5jährigen Perioden diese aber nur knapp erreicht ist.

Auffällig erscheint allerdings die Abnahme der männlichen Mitglieder in der Zeit von 1867 bis 1872, resp. 1873 um 168. Indessen ist in Betracht zu ziehen, dass der durch die Kriege von 1866 und 1870—1871 verursachte Ausfall in der männlichen Bevölkerung nicht ohne jeden Einfluss geblieben sein kann, ferner, dass das weibliche Geschlecht überhaupt ein viel grösseres Kontingent für die geistlichen Genossenschaften als das männliche liefert. Endlich fällt auch in das Gewicht, dass die weitere Ausbreitung des Jesuiten-Ordens, dessen Mitglieder von 29 im Jahre 1855 bis zum Jahre 1867 schon auf 449 gestiegen waren, sowie der diesem Orden verwandten Kongregationen der Redemptoristen und Lazaristen, d. h. derjenigen Genossenschaften, welche die einflussreichsten waren und daher auch die meiste Entwicklungsfähigkeit besassen, durch die im Jahre 1872 von der Gesetzgebung des deutschen Reiches ergriffenen Massregeln gehindert worden ist.

Die Organisation der geistlichen Genossenschaften, namentlich der Kongregationen.

Die Vertheidiger der uneingeschränkten und freien Entfaltung der Orden und Kongregationen haben wiederholt hervorgehoben, dass die letzteren blos dem allgemeinen Vereinsrecht zu unterwerfen seien, da ihre Mitglieder immer Staatsbürger blieben und die allein das Gewissen bindenden Gelübde, die

Ordens-Konstitutionen und der Verkehr mit den Ordens-Oberen den Staat nur insoweit berühren könnten, als dadurch bestehende Staatsgesetze verletzt würden.

Vgl. z. B. die Schrift: die geistlichen Genossenschaften in den westlichen Provinzen des preussischen Staats und ihre Gegner. Paderborn 1864. S. 45.

Diese Motivirung übergeht aber die präjudizielle Frage, ob die Orden und Kongregationen solche Vereine sind, welchen ohne Nachtheil für den Staat und ohne Gefährdung der den Einzelnen zustehenden staatsbürgerlichen Rechte die allgemeine Associations-Freiheit gewährt werden kann. Ferner ignorirt sie, dass der Staat nicht blos das Recht besitzt, gegen seine Zwecke schädigende Tendenzen und Einrichtungen im Wege der Strafgesetzgebung, sondern auch durch vorbeugende gesetzliche Massregeln einzuschreiten.

Das Wesen eines jeden Vereins wird durch seine Organisation und seine Zwecke bestimmt. Es erscheint daher eine Erörterung dieser beiden Momente für die Frage, welche Stellung der Staat den Orden und Kongregationen gegenüber einzunehmen hat, geboten.

In diesem Abschnitt soll zunächst von der Organisation der gedachten Vereinigungen gehandelt werden.

Vorauszuschicken ist, dass je weiter verzweigt ein Verein ist, je mehr Macht die leitenden Persönlichkeiten über die einzelnen Mitglieder besitzen, je abhängiger und rechtloser die Stellung der letzteren, je einseitiger die ihnen durch das Vereinsleben aufgeprägte Richtung und je erschwerter der Austritt aus dem Verein ist, ein desto grösseres Interesse der Ueberwachung für den Staat obwaltet.

Dass alle diese Gesichtspunkte bei den Orden und Kongregationen der katholischen Kirche in Frage kommen, wird die nachstehende Darstellung ergeben.

I. Die obere Leitung der Genossenschaften

anlangend, so sind von den aufgezählten Manns-Orden die Carthäuser, die Augustiner, die Dominikaner, die Franziskaner und die Kapuziner Ordens-Generalen unterworfen, welche sämmtlich im Auslande und zwar — abgesehen von dem in der grande Chartreuse bei Grenoble residirenden Carthäuser-General — in Rom ihren Sitz haben. Die barmherzigen Brüder des Ordens des h. Johannes de Deo, welcher nach seiner Verfassung ebenfalls durch einen General-Oberen geleitet wird, stehen mindestens durch periodische Berichterstattung mit demselben in Verbindung.

Hinsichtlich der Kongregationen waltet ein gleiches Verhältniss der Abhängigkeit von einem auswärtigen Oberen jedenfalls bei den Brüdern der christlichen Schulen ob. Die in Preussen befindlichen Niederlassungen dependiren unbestrittener Massen von dem französischen General-Superior der Genossenschaft.

Die Geschichte der einzelnen Orden hat es ausser allem Zweifel gestellt, dass der die Thätigkeit und die Richtung derselben beherrschende Geist wesentlich durch die leitenden Persönlichkeiten beeinflusst, ja meistens bestimmt worden ist. In der Abhängigkeit von einem auswärtigen Oberen liegt also schon an sich ein Moment, das die volle und freie Entfaltung solcher Gesellschaften bedenklich erscheinen lassen muss. Dasselbe wiegt in der heutigen Zeit um so schwerer, als jene Oberen theils in Rom, theils in Frankreich residiren und der offizielle Katholicismus dort wie hier eine dem Staate, vor Allem aber dem deutschen Reiche und der preussischen Monarchie feindliche Politik verfolgt.

Die Gewalt der General-Oberen der vorhin genannten Orden ist freilich keine absolute. Dem General steht vielmehr eine festgegliederte Provinzial-Eintheilung der zum Orden gehörigen Klöster gegenüber. Der General wird gewählt, ebenso auch die Oberen der unteren Instanzen, der Provinzen und der einzelnen Klöster. Neben allen Oberen haben gewählte Kapitel oder Ausschüsse (die s. g. General-, Provinzial- und Konventual-Kapitel) bestimmte Rechte auszuüben. Endlich fungiren die Oberen nur für eine beschränkte Zeitdauer. Diese Schranken, welche allerdings die Möglichkeit einer mit den Interessen des Staates in Harmonie stehenden Thätigkeit offen lassen, sind indessen jetzt bedeutungslos. Wenn es gelungen ist, dem Weltklerus eine von allen nationalen Beziehungen losgelöste Bildung und Erziehung zu geben und ihn fast durch und durch mit einer einseitigen, dem Staate feindseligen Gesinnung zu erfüllen, so können in Betreff der Ordensleute, welche den Ordensoberen gegenüber in einer noch viel abhängigeren Stellung, als die Weltgeistlichen den Bischöfen gegenüber sich befinden, unmöglich andere Resultate erwartet werden.

Davon, dass in Preussen ein Orden, eine Kongregation, ja selbst eine vereinzelte Abtheilung einer derartigen Genossenschaft auch nur den leisesten Widerstand gegen die in der katholischen Kirche herrschende Strömung gewagt hätte, ist nichts bekannt geworden. Im Gegentheil spricht schon der Umstand, dass die Bischöfe in der neueren Zeit überall die Ausbreitung der Ordensleute in ihren Diöcesen gefördert und dieselben im praktischen Kirchendienst verwendet haben, zur Genüge dafür, dass die Orden und ihre Mitglieder von einem Geiste getragen werden, welcher sie als geeignete Werkzeuge der ultramontanen Bestrebungen der Bischöfe erscheinen lässt.

Abgesehen hiervon bieten aber nicht einmal die Verfassungen aller Genossenschaften solche Garantien, wie sie sich in der Organisation der älteren Orden finden.

Die Gesellschaft der Schulbrüder (Frères Ignorantins), welche wegen ihrer auf die Erziehung der Jugend, namentlich der ärmeren Volksklassen gerichteten

Thätigkeit, eine besondere Beachtung verdient, ist nach dem Vorbilde der Verfassung der Jesuiten organisirt.

Der (General-)Superior, welcher von dem General-Kapitel, bestehend aus 15 der älteren Brüder und 15 Direktoren der vorzüglichsten Niederlassungen, sowie dem Ex-Superior und den Ex-Assistenten gewählt wird, verwaltet sein Amt lebenslänglich und kann nur wegen bestimmter schwerer Verbrechen (Ketzerei, Unkeuschheit und Mord) oder wegen Geistes-, bez. Altersschwäche, oder Verschwendung des Instituts-Vermögens entsetzt werden. Als Rath, nur mit konsultativem Votum, stehen ihm zur Seite 4 auf die angegebene Weise gewählte Assistenten. Die General-Kapitel, gebildet aus den vorerwähnten 30 Personen, sind keine nennenswerthe Schranke der Gewalt des General-Superiors, da sie nur alle 10 Jahre zusammentreten. Die Kongregation zerfällt zwar in Provinzen, jedoch werden diese geleitet und visitirt durch nicht ständig ernannte Visitatoren. An der Spitze jeder einzelnen Niederlassung steht ein s. g. Bruder Direktor. Er wird vom General-Superior bestellt; seine regelmässige Amtsperiode beträgt zwar 3 Jahre, indessen kann diese vom General-Superior nach eingeholtem Rath seiner Assistenten aus wichtigen (nicht näher bestimmten) Gründen abgekürzt oder verlängert werden.

Vgl. die Bulle Benedicts XIII. v. 7. Februar 1724 und die Dekrete der Congregatio episcoporum et regularium v. 1777 u. 1786 in der citirten Ausgabe der Konstitutionen. S. 82, 91, 96.

Der General-Superior besitzt also eine so gut wie schrankenlose Gewalt über den gesammten Beamten-Organismus der Gesellschaft. Nicht minder ist aber auch das einzelne Mitglied der absoluten Gewalt des General-Superiors und der anderen Oberen anheimgegeben, da sich dasselbe durch das Gelübde des Gehorsams verpflichtet „mit den Brüdern Schule zu halten, wo man auch immer hingesendet werden mag, oder jede andere Sache zu thun, zu der man durch den Bruder Superior etwa verwendet werden sollte.“ (a. a. O. S. 35.)

Die sonstigen S. 15 aufgezählten Manns-Kongregationen haben ihre Oberen im Inlande. Ihre Verfassung weist ähnliche Elemente auf, wie die der Schulbrüder, nur ist die Gewalt der Oberen etwas mehr beschräkt.

Die Genossenschaft der Alexianer wird durch einen General-Rektor (Pater), dessen Residenz das Mutterhaus zu Aachen ist, geleitet. Er selbst, sowie seine 4 Assistenten werden von dem General-Kapitel, bestehend aus den Professbrüdern des Mutterhauses, den Provinzial- und Lokal-Rektoren, und je einem von jedem Hause deputirten Professen auf 5 Jahre gewählt. Sonst hat sich das General-Kapitel nur mit dem Zustande des Ordens im Allgemeinen zu beschäftigen und die Verwaltung des General-Rektors zu prüfen. Die Angelegenheiten der laufenden Administration sind dagegen der Kompetenz des General-Kapitels entzogen, vielmehr werden die wichtigsten Geschäfte (Errichtung und Aufhebung von Häusern, Abgrenzung von Provinzen

Anstellung der Provinzial-Rectoren, Entlassung der Professen, Wahl der Visitatoren, Kauf und Tausch-Verträge betreffend Immobilien, Aufnahme von Anleihen, Anstrengung von Prozessen, Errichtung von Neubauten), vom General-Rektor unter Zustimmung der Assistenten erledigt.

Vgl. die citirten Statuten S. 35. 15ff. 43. 39.

Die Provinzial-Rektoren und ihre Konsultoren (3 an Zahl) werden vom General-Rektor unter Zustimmung der Assistenten auf 3 Jahre eingesetzt, die Lokal-Rektoren dagegen ebenso wie ihre Konsultoren (2 an Zahl) von dem Provinzial-Rektor und dessen Konsultoren auf dieselbe Zeitdauer ernannt, bedürfen aber der Bestätigung des General-Rektors.

Vgl. a. a. O. S. 14. 4.

Immerhin bleibt trotz der vorgeschriebenen Mitwirkung der Assistenten die Gewalt des General-Rektors eine sehr bedeutende. Er kann nicht nur die Provinzial- und Lokal-Oberen, sowie deren Konsultoren nach stattgehabter Berathung mit den Assistenten jeder Zeit aus wichtigen, nicht näher präcisirten Gründen abberufen, sondern diesen auch von seiner Gewalt soviel übertragen, als er für angemessen erachtet, und umgekehrt auch ihre Befugnisse beschränken und widerrufen. Er ist ferner befugt, von der Regel und den Konstitutionen zu dispensiren, für jede Verfehlung die passende Busse und Strafe aufzulegen, selbst oder durch Bevollmächtigte Visitationen abzuhalten, endlich auch die Untergebenen aus einer Provinz in die andere zu versetzen, sowie sie nach allen bereits errichteten oder neu zu errichtenden Stationen zu schicken.

Freilich soll er die Assistenten überhaupt bei seiner Amtsführung zu Rathe ziehen. Ein entscheidendes Gegengewicht gegen seine Machtvollkommenheit bilden diese aber nicht. Es ist nämlich wohl zu beachten, dass das zur Besetzung der höheren, namentlich auch der Assistenten-Stellen kompetente Wahlkollegium stets im Sinne des jeweiligen General-Rektors zusammengesetzt werden kann, weil dieser einmal die zu demselben gehörigen Professen des Mutterhauses beliebig zu bestimmen hat und ferner auf die Ernennung der Provinzial-Rektoren gleichfalls einen entscheidenden Einfluss besitzt.

Vgl. a. a. O. S. 34ff.

Wie bei den Jesuiten und bei den Schulbrüdern erfüllt auch hier das Institut der Assistenten nicht den Zweck, die Gewalt des Oberen gegenüber den einzelnen Mitgliedern und im Interesse der Rechte derselben einzuschränken, sondern dasselbe soll vielmehr einen Schutz dagegen bilden, dass der Obere seine Macht zum Schaden der Gesellschaft und der Kirche, also der in dieser herrschenden Richtung, missbraucht.

Nach ähnlichen Prinzipien ist die Organisation der sonstigen männlichen Kongregationen eingerichtet. So wird z. B. der Obere der armen Brüder vom Lusberg bei Aachen auf 5, der General-Obere der Franziskaner-Tertiarier von Waldbreitbach, sowie der Rector der barmherzigen Brüder von Limburg auf 3 Jahre gewählt, und zwar von den sämmtlichen vollberechtigten Professen des Mutterhauses, bez. einzelnen Deputirten der Filial-Häuser. Auf gleiche Weise werden die Assistenten dieser Oberen bestellt, nur ernennt bei den Franziskanern von Waldbreitbach der General-Obere zu den 2 gewählten 2 andere hinzu. Die Assistenten bilden den Beirath des obersten Leiters in wichtigen Angelegenheiten, und haben in der zuletzt gedachten Genossenschaft sogar Decisiv-Votum.

Die Vorsteher und Mitglieder der Filialen werden bei den armen Brüdern vom Lusberge beliebig ernannt und abberufen. In den beiden andern vorhin genannten Genossenschaften ist zwar für die von dem General-Oberen und seinen Assistenten zu ernennenden Filial-Vorsteher eine dreijährige Amtsdauer festgesetzt, jedoch kann diese aus wichtigen, dem Ermessen des Oberen anheim gegebenen Gründen verkürzt oder verlängert werden.

Wenn nach den vorstehenden Mittheilungen die Befugnisse der General-Oberen bei den zuletzt besprochenen Genossenschaften auch etwas beschränkter sind, wie bei den Schulbrüdern und Alexianern, so ist dafür die Einwirkung der Bischöfe auf sie desto stärker.

Was zunächst die Stellung der Diöcesan-Oberen zu den religiösen Vereinigungen überhaupt betrifft, so besteht in dieser Hinsicht ein Unterschied zwischen den Orden und den Kongregationen.

Die ersteren sind von der Jurisdiktion des Diöcesan-Bischofs eximirt. Das heisst, in allen inneren Angelegenheiten des Ordens haben die Ordens-Oberen die Leitung und Entscheidung. Die Bischöfe üben dagegen nur in anderen Angelegenheiten theils kraft gesetzlich ertheilter päpstlicher Delegation, theils kraft ihres Amtes eine Jurisdiktion über die Orden aus, namentlich soweit die Ordensgeistlichen die s. g. Säkular-Seelsorge, also die Seelsorge über nicht zum Orden gehörige Personen und Anstalten, verwalten;

vgl. Ginzel, a. a. O. S. 252; v. Schulte, a. a. O. S. 526.

Im Gegensatz zu den Orden sind die Kongregationen der vollen Jurisdiktion des Bischofs unterworfen. Einzelne dieser Befugnisse cessiren aber bei den über mehrere Diöcesen verbeiteten Kongregationen, sofern es sich um die allgemeinen Angelegenheiten derselben handelt. Eine derartige Genossenschaft ist nicht mehr eine Vereinigung, welche in diesen Beziehungen der Jurisdiktion eines Bischofs unterstellt bleiben kann, weil derselbe bei Ausübung seiner Berechtigungen immer in die Diöcesen der andern Bischöfe, in welchen die Kongregation Niederlassungen besitzt, eingreifen müsste. Daher wird in solchen Fällen entweder ein Bischof durch besondere päpstliche Delegation oder ein Kardinal als s. g. Kardinal-Protektor mit der Ueberwachung der allgemeinen Verhältnisse der Kongregation betraut.

Bei denjenigen Kongregationen dagegen, welche sich auf das Gebiet einer einzigen Diöcese beschränken, hat der Bischof, bez. ein von ihm ernannter Kommissar kraft seiner Jurisdiktion eine Reihe, die inneren Angelegenheiten der Kongregation betreffenden Rechte auszuüben, welche auch gewöhnlich in den Konstitutionen aufgeführt werden.

So ist z. B. nach den Satzungen der barmherzigen Brüder von Limburg dem Bischof persönlich vorbehalten: die Bestätigung der Wahl des Rektors, die Entscheidung über die Zulassung zum Noviziat und zur Profession, sowie über die definitive Entlassung unwürdiger Professbrüder, ferner die Genehmigung der Gründung neuer Häuser, des Ankaufs und der Veräusserung liegender Güter und der Aenderung der Statuten. Der Kommissar hat dagegen, vorbehaltlich der Beschwerde an den Bischof, seine Zustimmung zu ertheilen: zur Berufung des General-Kapitels, zur Aufnahme von Postulanten, zur Einkleidung und zur Profession, zur Wahl des Vorstehers und des Novizen-Meisters, sowie zur Versetzung der Brüder in andere Häuser, ferner jeder eigenmächtigen Neuerung in den Konventen zu steuern, erforderlich erscheinende Anordnungen, welche den Statuten nicht widersprechen, zu treffen und durch den Rector zur Ausführung bringen zu lassen, sodann die jährlichen Voranschläge der Mutter- und Töchterhäuser zu prüfen, den General-Kapiteln mit Stimmrecht beizuwohnen und die Niederlassungen zu visitiren.

Nach den Statuten der Franziskaner-Tertiarier von Waldbreitbach hat der Bischof die Profess-Ablegung, den Ausschluss von Professen aus der Genossenschaft, die Wahl des General-Oberen, die Entlassung eines Assistenten durch den letzteren und die übrigen Rathsbrüder und Statuten-Aenderungen zu genehmigen, sowie den General-Oberen im Falle der Untauglichkeit auf Antrag des Rathes seines Amtes zu entsetzen. Den bischöflichem Kommissar endlich ist jährlich über den Vermögensbestand der Genossenschaft Rechenschaft abzulegen und sein Einverständniss zur Erwerbung von Grundstücken, zur Belastung des Vermögens und zur Aufnahme von Schulden nachzusuchen.

Durch diese Befugnisse der ordentlichen Bischöfe ist zwar die Macht der Oberen der Kongregation beschränkt, damit ist aber keineswegs der Charakter ihrer Verfassung wesentlich geändert, denn die Mitwirkung des Bischofs hat gleichfalls den Zweck, die geistliche Autorität zu sichern und zu stärken, nicht aber den, den Einfluss dieser auf die einzelnen Mitglieder zu mindern.

Die Frauen-Orden sind, selbst wenn sie das Exemtions-Privilegium besitzen, den Bischöfen kraft der durch das Tridentinische Koncil gesetzlich ausgesprochenen Delegation bestimmter päpstlicher Rechte in weiterem Umfange als die Manns-Orden unterworfen,

vgl. Ginzel, a. a. O. S. 255.

Ob bei denjenigen Orden, welche, wie z. B. die unbeschuhten Carmeliterinnen, nach ihren Regeln der Leitung des General-Oberen des entsprechenden Mannsordens unterstehen,

vgl. Règle et constitutions des religieuses déchaussées de l'ordre de N. D. du Mont-Carmel de la congrégation de Saint Elie. Nouvelle traduction. Gand, imprimerie de la Veuve J. Poelman de Pape 1859, c. l. p. 16.

eine derartige Einwirkung auf die in der Monarchie befindlichen Niederlassungen stattfindet, hat sich nicht klar stellen lassen. Jedenfalls üben aber thatsächlich die Bischöfe auf die wenigen vorhandenen Klöster, welche, selbst wenn sie demselben Frauen-Orden angehören, doch fast alle unabhängig von einander sein wollen, den entscheidenden Einfluss aus.

Die am zahlreichsten vertretenen Genossenschaften mit vota solemnia, die Ursulinerinnen und die Salesianerinnen, nehmen unter den Orden insofern eine eigenthühmliche Stellung ein, als ihre einzelnen selbstständig dastehenden Klöster sogar der ordentlichen Jurisdiktion des Bischofs unterworfen sind, bei ihnen also eine einheitliche leitende oberste Instanz fehlt,

vgl. die Bestätigungsbulle Pius V. vom 5. Februar 1618 für die vom Cardinal Franz v. Sourdis gestiftete Kongregation der Ursulinerinnen von Bordeaux. § 11 (abgedruckt in deutscher Uebersetzung in: Regel des h. Augustinus und die ersten beiden Theile der Konstitutionen der geistlichen Jungfrau von der heiligen Ursula nach dem Institute von Bordeaux. Berlin 1868. Jansen S. 19) u.

die Bulle Clemens XI. v. 22. Juni 1709 für die Salesianerinnen (abgedruckt in: Regel des h. Augustinus, Satzungen und Direktorium für die Schwestern des Ordens v. d. Heimsuchung Mariä. Wien 1862. Mechitaristen-Buchdruckerei S. 386).

Was dagegen die Frauen-Kongregationen betrifft, so stehen diese ebenso wie die männlichen Genossenschaften gleichen Charakters unter dem Diöcesanbischofe. Zum Theil gilt dies sogar auch für solche, welche sich bereits über mehrere Diöcesen ausgebreitet haben. Diese Irregularität (s. oben S. 39) erklärt sich daraus, dass die Kurie die Kongregationen erst nach mehrjährigem Bestande und nach ihrer Bewährung sei es empfiehlt, sei es approbirt, auch ihre Statuten vielfach blos vorläufig genehmigt, so dass also mitunter ein längerer Zeitraum bis zur definitiven Ordnung ihrer Verfassung vergeht. Früher gestattete die Congregatio episcoporum et regularium die Bestellung eines Bischofs als superior generalis für solche Kongregationen, d. h. eines obersten visitirenden, beaufsichtigenden, und in gewissen Fällen neben der General-Oberin konkurrirenden Organs — dies Verhältniss waltet heute noch ob bei den grauen Schwestern der h. Elisabeth von Neisse und den Schwestern der h. Hedwig —, jetzt wird aber, um die Ausdehnung der Befugnisse eines Bischofs in die Sprengel anderer Bischöfe, in welchen sich Niederlassungen der Kongregation befinden, zu vermeiden, ein s. g. Cardinal-Protektor eingesetzt. Dieser hat die Genossenschaft bei der Kurie zu vertreten, die ganze Leitung derselben zu übernehmen, bestimmte, auf die Kongregation als Gesammtheit sich beziehende Rechte auszuüben, und namentlich auch die etwaigen Differenzen zwischen der General-Oberin und den Bischöfen zu vermitteln,

vgl. Schuppe a. a. O. S. 58. 61. 62; v. Schulte a. a. O. S. 529.

Eine derartige Einrichtung kommt z. B. vor bei den Frauen von der Liebe des guten Hirten in der Niederlassung zu Aachen und den armen Schulschwestern von Notre Dame, wenigstens erwähnen die Konstitutionen derselben des Cardinal-Protektors.

Die Verfassung der Frauen-Kongregationen ist im wesentlichen ebenso wie der männlichen organisirt.

Es ist aber eine beachtenswerthe Thatsache, dass in neuerer Zeit die Stifterinnen einzelner Kongregationen für die General-Oberinnen und zwar unter ausdrücklicher Billigung der Bischöfe eine so exorbitante Machtbefugniss in Anspruch genommen haben, dass sogar die Congregatio episcoporum et regularium bei der Prüfung derartiger Konstitutionen solche hierarchische Herrschaftsgelüste abzuwehren, sich veranlasst gesehen hat. Im Jahre 1860 hat z. B. die genannte Kurial-Behörde bei der Prüfung der ihr vorgelegten neuen Statuten der von dem Fräulein von Mallinckrodt gestifteten Schwestern der christlichen Liebe (Töchter der allerseligsten Jungfrau Maria von der unbefleckten Empfängniss) zu Paderborn es gerügt, dass der Oberin der Genossenschaft der Titel: Stellvertreterin Christi (vicaria Christi) beigelegt worden, ferner, dass die Gewalt derselben eine zu absolute sei, weil die Einberufung des General-Kapitels lediglich ihrem freien Ermessen überlassen, und der Beirath der Assistentinnen für wichtige Angelegenheiten nicht vorgeschrieben worden war. Aehnliche Bemängelungen sind hinsichtlich der Konstitution der armen Dienstmägde Christi erhoben worden, und es hat in betreff dieser namentlich darauf hingewiesen werden müssen, dass der Zweck des Institutes in demüthigeren Ausdrücken, als geschehen, anzugeben wäre;

Vgl. Methodus quae a S. Congregatione Episcoporum et Regularium servatur in approbandis novis institutis votorum simplicium exposita ab .... Cardinali Bizarri. Romae 1863, auch abgedruckt in Moy, Archiv für kathol. Kirchenrecht. B. 15. S. 412, s. namentlich S. 416—418;

v. Schulte, a. a. O. S. 529.

Was des Näheren die Organisation der fraglichen Genossenschaften betrifft, so steht an der Spitze derselben, wenigstens derjenigen, welche eine grössere Verbreitung erlangt haben,

eine s. g. General-Oberin.

In wie weit die in der Monarchie vorhandenen Niederlassungen von General-Oberinnen, welche im Auslande residiren, abhängig sind, darüber haben die angestellten Ermittelungen kein sicheres Resultat ergeben.

Möglich ist ein solches Verhältniss bei den Vincentinerinnen aus dem Mutterhause zu Culm und dem Mutterhause zu Nippes bei Cöln, denn obwohl dasselbe in Abrede gestellt wird, erwähnen die Konstitutionen mehrfach des Hauptmutter- und Central-Hauses zu Paris. Auch die Frauen von der Liebe des guten Hirten zu Aachen wollen von der General-Oberin zu Angers unabhängig sein, trotzdem, dass die bei ihnen in Gebrauch stehenden Satzungen ausdrücklich der obersten Leitungsgewalt derselben erwähnen.

Die Schwestern von der Busse und christlichen Liebe aus dem III. Orden des h. Franziskus haben bis zum Jahre 1869 ihr Stamm- und Hauptmutterhaus zu Heithuizen in Holland gehabt. In diesem Jahre ist allerdings die General-Oberin nach dem Hause zum h. Bernardin bei Kapellen (Kreis Geldern) in Preussen übergesiedelt, ohne dass aber die sowohl nach den allgemeinen Grundsätzen des katholischen Kirchenrechts;

vgl. Schuppe a. a. O. S. 38,

wie auch speciell nach den Konstitutionen (vgl. diese S. 74) ausdrücklich erforderte päpstliche Genehmigung zur Verlegung des Mutterhauses nachgewiesen wäre. Hier ist also die Verbindung mit den ausländischen Niederlassungen nicht aufgegeben worden und es liegt die Gefahr vor, dass inländische Angehörige der Kongregation durch die General-Oberin in das Ausland versetzt werden können. Auch könnte die anscheinend nichtig erfolgte Verlegung der Residenz der letzteren jeden Augenblick wieder rückgängig gemacht werden.

Ob die weiter von den Töchtern des h. Kreuzes im Mutterhause zu Aspel behauptete Loslösung von dem Generalhause zu Lüttich im Jahre 1871 wirklich rechtsgültig erfolgt ist, entzieht sich ebenfalls der Prüfung.

Nur die Trennung der bis zum Jahre 1872 von dem Haupthause zu Nancy dependirenden Niederlassungen der Borromäerinnen ist dem kirchlichen Recht entsprechend durch ein Dekret der Congregatio episcoporum et regularium vom 18. September 1872 festgesetzt worden, zu dessen Erlass wohl aller Wahrscheinlichkeit nach die mit Rücksicht auf das Reichsgesetz vom 4. Juli 1872 veranstalteten Erhebungen über die den Jesuiten verwandten Orden und Kongregationen Veranlassung gegeben haben.

Unter diesen Umständen lässt sich die Vermuthung kaum von der Hand weisen, dass auf einzelne der im Inlande verzweigten Kongregationen noch eine bestimmte, wenn auch nicht immer juristisch genau formulirte Einwirkung auswärtiger General-Oberinnen geübt wird, wie denn z. B. auch hinsichtlich der Schwestern der christlichen Schulen von der Barmherzigkeit ein noch fortdauernder Verkehr mit dem Stammhause in der Normandie besteht.

Was sodann die Bestellung der General-Oberin betrifft, so erfolgt diese bei den meisten Kongregationen auf Zeit, auf 6 Jahre bei den Schwestern von der Liebe des guten Hirten, den grauen Schwestern der h. Elisabeth, den Schwestern von der Busse und christlichen Liebe, den armen Dienstmägden Christi, den armen Schulschwestern von Notre Dame; — auf 5 Jahre bei den Schwestern des h. Franziskus aus dem Mutterhause zu Aachen, den Franziskanerinnen von der h. Familie zu Eupen, den kleinen Mägden Marias von der unbefleckten Empfängniss; — endlich auf 3 Jahre bei den Schwestern vom h. Kreuz, den Franziskanerinnen von Waldbreitbach, den Schulschwestern des III. Ordens des h. Franziskus zu Gieboldehausen, den Schwestern der h. Hedwig, den Schwestern der Congrégation de Notre Dame de Trèves, den Katharinerinnen, den barmherzigen Schwestern von Essen und den Borromäerinnen.

Die lebenslängliche Verwaltung des Amtes, welche z. B. die Konstitutionen der Schwestern Unserer lieben Frau zu Coesfeld vorschreiben, bildet die Ausnahme. Thatsächlich ist aber eine solche immer möglich in allen den Genossenschaften, deren Satzungen — es gehören hierher die der Schwestern von der Liebe des guten Hirten und der kleinen Mägde Marias — eine Wiederwahl unbeschränkt gestatten. Die Regel bildet dies freilich nicht, vielmehr ist die Wiederwahl nur einmal (so bei den Borromäerinnen und grauen Schwestern der h. Elisabeth) oder auch dreimal (bei der Congregatio beatae Mariae Virginis) frei, später aber allein mit Genehmigung des apostolischen Stuhles (graue Schwestern der h. Elisabeth) oder überhaupt nur nach vorgängiger Erlaubniss des Bischofs (arme Dienstmägde Christi) zulässig.

Die regelmässige Art der Anstellung ist die Wahl. Diese erfolgt zum Theil durch alle Schwestern, welche die Profess (Schwestern vom armen Kinde Jesu, Franziskanerinnen von Waldbreitbach) oder dieselbe seit einer bestimmten Anzahl von Jahren (2 bei den Schwestern der h. Hedwig, 4 bei den Borromäerinnen) abgelegt haben. Zum Theil ist das Wahlrecht aber ein beschränkteres. Das Wahlkollegium besteht dann entweder aus den Professschwestern des Mutterhauses, den Filial-Oberinnen und je einer Deputirtin jedes Tochterhauses (Schwestern der h. Elisabeth zu Aachen), oder aus den Schwestern des Mutterhauses und je 2 Wählerinnen jedes andern Hauses (Frauen von der Liebe des guten Hirten), ferner aus den Schwestern der ewigen Gelübde im Mutterhause, vier Räthinnen und den Oberinnen der anderen Häuser, bez. deren Assistentinnen (Schwestern vom h. Kreuz); weiter aus den Assistentinnen und 12, bereits 6 Jahre der Kongregation angehörigen, nach Verhältniss der Zahl der Häuser gewählten Schwestern (kleine Mägde Marias); auch blos aus den Provinzial- und Lokal-Oberinnen (arme Dienstmägde Christi) oder den Beamtinnen des Mutterhauses und den Filial-Oberinnen, sofern sie schon 10 Jahre Mitglieder der Genossenschaft sind (graue Schwestern v. d. h. Elisabeth), endlich aus den von der General-Oberin mit den Assistentinnen unter Betheiligung des vom Bischof ernannten Superiors oder Kommissars ausgewählten Schwestern, unter denen sich für die Regel die Assistentinnen, die Lokal-Oberinnen und die ältesten Schwestern der nächsten Häuser befinden sollen (Verein der barmherzigen Schwestern v. h. Vincenz v. Paula zu Hildesheim).

Ueberall wird die Wahl in Gegenwart des Bischofs oder eines Kommissars desselben vorgenommen und bedarf der Bestätigung des ersteren.

Der Rath (die Assistentinnen, Rathsschwestern).

Der General-Oberin steht nach der herkömmlichen Verfassung der Kongregationen als s. g. Rath eine Anzahl von Schwestern, Assistentinnen oder Rathsschwestern zur Seite. Die Zahl derselben variirt zwischen 3 (Schwestern vom armen Kinde Jesu, graue Schwestern von der h. Elisabeth, barmherzige Schwestern v. h. Vincenz v. Paula zu Hildesheim), 4 (Franziskanerinnen von Waldbreitbach, Schwestern v. h. Kreuz, Schwestern der Congregatio beatae Mariae Virginis, Schwestern der Busse und christlichen Liebe, Borromäerinnen), 5 (Schwestern der h. Hedwig) und 6 (Frauen von der Liebe des guten Hirten, arme Dienstmägde Christi).

Die Schwestern, welche den Rath bilden, werden zum Theil ebenso wie die General-Oberin durch Wahl und zwar für die Regel auf die Zeit der Amtsdauer der letztern bestellt. In einzelnen Kongregationen ernennt aber die General-Oberin eine bestimmte Zahl der Rathsschwestern entweder frei, so 2 (bei den Franziskanern von Waldbreitbach, bei den Schwestern vom h. Kreuz) oder mit den vorerst gewählten Assistentinnen die noch übrigen (bei den Schwestern der h. Hedwig die zur Mitgliedschaft im Rath berechtigte Novizmeisterin und Präfektin). Vereinzelt steht da der complicirte Modus der Borromäerinnen, bei denen die General-Oberin die s. g. Assistentin frei, die Novizmeisterin aber auf Gutachten des Rathes ernennt, der Rath selbst die Schaffnerin bestellt, und der Rath dann aus diesen 3 Beamtinnen und einer durch allgemeine Wahl bestimmten Schwester gebildet wird. In derartigen Fällen unterscheiden dann die Konstitutionen auch die gewöhnlich gleich gebrauchten Ausdrücke: Assistentin und Rathsschwester und zwar in der Weise, dass unter der Assistentin die von der General-Oberin eingesetzte, erste Rathsschwester, welcher die Vertretung derselben in Verhinderungsfällen obliegt, verstanden wird.

Kraft ihrer Stellung haben die Assistentinnen der Regel nach nur eine berathende Stimme bei der Leitung der Kongregation, und es ist im Allgemeinen in das Ermessen der General-Oberin bestellt, in welchen Fällen sie die Assistentinnen vorher mit ihrem Gutachten hören will. Jedoch ordnen die meisten Konstitutionen an, dass dies bei wichtigeren Geschäften geschehen soll. Mehrfach ist ihnen sogar bei gewissen Angelegenheiten ein Decisiv-Votum eingeräumt, so bei der Aufnahme von Postulantinnen (Kandidatinnen), bei der Zulassung zum Noviziat und zur Profess, bei der Entlassung, bez. Ausstossung einer Schwester, der Gründung und Aufhebung von Niederlassungen und bei gewissen Akten der Vermögens-Verwaltung (vgl. Konstitutionen der Schwestern der h. Hedwig, der armen Dienstmägde Christi, der Schwestern von der Busse und der kleinen Mägde Marias).

Endlich liegt den Assistentinnen auch die Pflicht ob, die General-Oberin in ihrer Amtsführung zu kontroliren und falls sich dieselbe grobe Pflichtwidrigkeiten zu Schulden kommen lässt, dem Bischof Anzeige zu machen, damit dieser nöthigenfalls das Verfahren auf Entlassung der General-Oberin einleitet.

Das General-Kapitel.

Die nicht bei allen, sondern nur in einzelnen Kongregationen vorkommenden General-Kapitel — sie finden sich z. B. bei den Schwestern der h. Hedwig, den Schwestern von der Liebe des guten Hirten, den armen Dienstmägden Christi, den kleinen Mägden Marias — bestehen gewöhnlich aus den Schwestern, welche die Wahl der General-Oberin vorzunehmen haben.

Ein Antheil an der laufenden Verwaltung steht ihnen nicht zu, vielmehr haben sie sich nur mit dem allgemeinen Zustande der Genossenschaft zu beschäftigen und unter Erwägung der Mittel zur Abhülfe von Uebelständen den Geist des Institutes zu erhalten und zu beleben.

Blos ausnahmsweise ist die Zustimmung des Kapitels zu bestimmten Handlungen der General-Oberin vorgeschrieben (so nach den Satzungen der armen Dienstmägde Christi zur Verlegung des General-Hauses, des Noviziates und zur Errichtung neuer Provinzial-Noviziat-Häuser).

Die General-Kapitel versammeln sich zu regelmässig wiederkehrenden Zeiten, gewöhnlich nach Ablauf derselben Anzahl von Jahren, welche für die Amtsdauer der General-Oberin vorgeschrieben ist. Bei besonderen Anlässen können sie auch ausserordentlicher Weise zusammenberufen werden.

Dem General-Kapitel präsidirt der Bischof, bez. der von ihm ernannte Kommissar, bei den Kongregationen, welche einen Kardinal-Protektor haben, ein Stellvertreter desselben oder der Bischof als apostolischer Delegat.

Die Provinzial- und Lokal-Oberinnen.

Bei den weiter verzweigten Kongregationen stehen die einzelnen Niederlassungen, welche je von einer Lokal-Oberin geleitet werden, nicht direkt unter der General-Oberin, sondern zunächst unter einer Provinzial-Oberin, welcher die Leitung der zu einer Provinz gehörigen Häuser zukommt.

Die Ernennung und Abberufung aller dieser Oberinnen ruht, wenngleich mitunter eine bestimmte Periode für die Dauer ihrer Aemter vorgeschrieben ist (z. B. von 3 Jahren bei den armen Dienstmägden Christi) in der Hand der General-Oberin. Allerdings ist diese dabei vielfach zur Anhörung des Gutachtens der Rathsschwestern verpflichtet (so nach den Konstitutionen der Schwestern der h. Elisabeth zu Aachen, der grauen Schwestern v. d. h. Elisabeth, der Schwestern von der Liebe des guten Hirten), aber auch sogar an das Decisiv-Votum der Assistentinnen (bei den armen Dienstmägden Christi hinsichtlich der Lokal-Oberinnen) oder an die bischöfliche Bestätigung (Schwestern vom h. Kreuz) gebunden.

Oefters haben die gedachten Oberinnen eine oder auch mehrere (gewöhnlich 2) Assistentinnen zu ihrer Berathung zur Seite (z. B. bei den Schwestern von der Liebe des guten Hirten, den Schwestern vom h. Kreuz und den Schwestern von der Busse und christlichen Liebe).

Was endlich die Vertheilung der Schwestern auf die einzelnen Filialen und Stationen, sowie die Abberufung derselben aus diesen betrifft, so hat darüber die General-Oberin zu bestimmen. Bald übt sie diese Befugniss ganz frei (so bei den Schwestern vom armen Kinde Jesu, den Schwestern von der h. Hedwig, den grauen Schwestern von der h. Elisabeth, den Schwestern von der Liebe des guten Hirten), bald hat sie vorher das Gutachten des Rathes (bei den Borromäerinnen, armen Dienstmägden Christi, kleinen Mägden Marias), bald die Zustimmung des Rathes (bei den Schwestern von der Busse) einzuholen.

Dem Bischof

endlich kommt ausser den bereits früher gedachten Rechten, namentlich der Bestätigung der General-Oberin, für die Regel ferner zu: die Genehmigung zur Zulassung zum Noviziat und zur Profession, zur Gründung und Aufhebung von Filialen, die Verhängung der Ausschliessung einer Schwester, die Entlassung der General-Oberin, sowie die Aufsicht über die Vermögensverwaltung und die Bestätigung wichtiger Akte derselben (vgl. z. B. die Konstitutionen der Schwestern der h. Elisabeth zu Aachen, der grauen Schwestern von der h. Elisabeth und der Schwestern vom armen Kinde Jesu); jedoch ist die Ausschliessung von Professschwestern mitunter an den Konsens des päpstlichen Stuhles gebunden (so bei den armen Dienstmägden Christi, den Schwestern von der Busse und den armen Schulschwestern von Notre Dame).

Die Organisation der Frauen-Kongregationen, welche vorstehend in kurzen Zügen geschildert ist, entspricht, so viel Verschiedenheiten sie auch in Einzelheiten aufweist, doch im Allgemeinen dem beweglicheren Typus der religiösen Genossenschaften der Neuzeit.

Die Gewalt der General-Oberin ist zwar in doppelter Hinsicht beschränkt, einmal durch den Rath, bez. das General-Kapitel, andererseits durch den Bischof, den Kardinal-Protektor und den römischen Stuhl, d. h. die Congregatio episcoporum et regularium, zu deren Ressort die Wahrnehmung der bezüglichen Rechte gehört.

In der That bieten jedoch die betreffenden Einrichtungen nicht das mindeste Gegengewicht gegen die Verfolgung einseitiger hierarchischer und ultramontaner Tendenzen, im Gegentheil sind sie darauf berechnet, Bestrebungen, welche sich etwa im entgegengesetzten Sinne geltend machen könnten, sofort zu unterdrücken. Dass die Beaufsichtigung durch die Bischöfe und die römische Kurie nur solchen Zwecken dient und allein in dieser Richtung ausgeübt wird, bedarf keiner weiteren Auseinandersetzung.

Was dagegen die neben der General-Oberin stehenden, der Kongregation selbst angehörigen Organe betrifft, so sind dieselben theils dazu bestimmt, die Autorität der ersteren zu verstärken, theils die missbräuchliche Verwendung ihrer Gewalt, namentlich zu solchen Zwecken, welche mit den ultramontanen Plänen nicht vereinbar sind, zu hindern.

Die Wahl der Beamtinnen erscheint freilich als eine liberale Institution, ist es aber in der That nicht. Denn die Wahlberechtigung ruht entweder in den Händen der älteren, genügend im klerikalen Sinne vorbereiteten Schwestern, oder gar eines kleineren Kreises von ausgesuchten Mitgliedern der Genossenschaft und bedarf überdies noch vielfach der Bestätigung der geistlichen Oberen.

Irgend eine Garantie dagegen, dass diese Gesellschaften in einer dem Staate feindlichen Richtung benutzt werden, giebt der Verfassungs-Apparat nicht. Im Gegentheil ist er so organisirt, dass, wenn die Verfolgung derartiger Ziele von den leitenden Instanzen beabsichtigt wird, er dazu trefflich zu funktioniren geeignet ist. Denn für die grosse Masse der Mitglieder bietet sich kein Mittel, den von oben aus ergehenden Anordnungen und Winken Widerstand entgegen zu setzen, und wenn selbst ein solcher versucht werden sollte, ist den Oberen stets die Möglichkeit gegeben, diesen durch Versetzung aller verdächtig erscheinenden Mitglieder in die verschiedensten Häuser im Keime zu ersticken.

Die volle Bedeutung dieses Organismus kann aber erst richtig gewürdigt werden, wenn auch die Stellung derjenigen Personen, auf welche er zu wirken bestimmt ist, dargelegt sein wird. Es wird sich aus den nachfolgenden Zeilen ergeben, dass die einzelnen Mitglieder willenlos der Gewalt der Oberen überliefert sind, sowie, dass ihre ganze Lebenseinrichtung darauf berechnet ist, jede selbstständige geistige Regung, namentlich jeden Gedanken einer selbstständigen Willensbestimmung nicht nur zu unterdrücken, sondern auch sogar die Fähigkeit zu einer solchen zu beseitigen.

II. Die Gehorsams-Theorie.

Die Mitglieder der Orden und der Kongregationen legen bei der Profess, gleichviel, ob es sich um vota solemnia oder vota simplicia handelt, das

Gelübde des Gehorsams ab. Kraft desselben sind sie verbunden, den rechtmässigen Oberen vollkommnen und unbedingten Gehorsam zu leisten in Allem, was diese in Gemässheit der Regel und der Satzungen gebieten, es sei direkt oder indirekt (explicite oder implicite) darin enthalten. Selbstverständlich ist daneben der Gehorsam gegen die allgemeinen Kirchengesetze und die den letzteren entsprechend ertheilten Befehle, weil die ersteren neben den speciellen Statuten in unverminderter Geltung bleiben. In unerlaubten Dingen cessirt die Gehorsamspflicht, sie besteht aber noch in allen Fällen, wo der Einzelne nur zweifelt, ob der Befehl unerlaubt oder mit den Regeln, Konstitutionen und allgemeinen Kirchengesetzen unvereinbar ist.

Nach dieser allgemein recipirten Theorie,

vgl. Ferraris, promta bibliotheca canonica, s. voce: votum art. II. No. 15;

Bouix l. c. t. II. p. 433;

Schuppe a. a. O. S. 97;

umfasst die Pflicht des Gehorsams fast alle Lebensbeziehungen des einzelnen Professen. Man muss sich vergegenwärtigen, dass der allgemeine Zweck aller fraglichen Genossenschaften, mögen sie daneben noch besondere spezielle Ziele, welche sie wollen, verfolgen, die innere Heiligung des Lebens im katholischen Sinne und die Abtödtung ist, und also auch allen darauf gerichteten Anordnungen der Oberen Folge geleistet werden muss.

Die neuere Entwickelung des kirchlichen Genossenschaftswesens hat zwar die Pflicht des Gehorsams nicht erheblich erweitert, (denn das war nach dem Dargelegten nicht möglich), wohl aber intensiv verschärft.

In den Regeln und Konstitutionen der älteren Orden wird entweder die Pflicht des Gehorsams nur im allgemeinen angeordnet oder doch höchstens in Uebereinstimmung mit der dargelegten kanonistischen Theorie näher entwickelt,

vgl. z. B. die Regula S. Francisci (II) c. 10 (bei Holstenius l. c. Bd. 3. S. 33):

„Fratres vero qui sunt subditi recordentur, quod propter deum abnegaverunt proprias voluntates. Unde firmiter praecipio, ut obediant suis ministris in omnibus quae promiserunt domino observare et non sint contraria animae suae et regulae nostrae;"

ferner die declaratio lit. k zu dist. I. c. 15 constitution. fratrum Praedicatorum, d. h. der Dominikaner (l. c. Bd. 4. S. 50):

„Item declaramus quod religiosus non tenetur in omnibus obedire praelato suo, videlicet in his quae sunt contra praecepta dei et ecclesiae vel contra regulam vel quae dispensationem non admittunt: in dubiis autem tenentur omnes obedire,"

wozu nach der 1871 festgestellten neuen Redaktion der Satzungen, s. Constitutiones fratrum Ordinis Praedicatorum, editio approbata a capitulo generali quod Gandavi a. 1871 celebratum est. Parisiis apud Poussielgue fratres bibliopolas 1872, no 336. p. 180, bemerkt wird:

„Primarie et directe obedientia quam praelatis nostris praestare debemus sese extendit ad ea quae in regula aut in constitutionibus aut in ordinationibus capitulorum explicite determinantur. Secundario et indirecte tenemur etiam obedire praelato in illis quae licet in legibus nostris explicite non continentur, inveniuntur tamen necessaria seu valde utilia ad earum observationem: sicut sunt communia officia sine quibus status religionis servari non potest, poenae transgressionum et superiorum ordinationes, quae religioni servandae vel restaurendae conducunt."

Es ist allerdings mitunter schon in älteren Regeln und in Erörterungen über die Pflichten der Ordensleute, die Pflicht des Gehorsams in starken Ausdrücken betont worden,

vgl. z. B. die Regula S. Benedicti c. 5 u. 7 de obedientia et humilitate, weitere Beispiele bei Huber a. a. O. S. 49.

Indessen waltet zwischen jenen älteren Vorschriften und Anweisungen einerseits und den neueren Satzungen andererseits der wesentliche Unterschied ob, dass die letzteren nach dem Vorbilde der Konstitutionen des Jesuiten-Ordens die Autorität der Oberen mit den überschwenglichsten Worten und Vergleichen charakterisiren, und nicht nur ein den Satzungen und Anordnungen entsprechendes Verhalten der Untergebenen, sondern auch die Unterwerfung des Willens unter die Befehle der Oberen, sowie die Aufopferung der eigenen Einsicht und jedes eigenen Urtheils verlangen.

Den Beweis für das eben Bemerkte liefert die nachfolgende Zusammenstellung der betreffenden Stellen einer Anzahl von Konstitutionen der neueren Kongregationen:

1. Statut für die Kongregation der Brüder von der christlichen Liebe. Münster, gedruckt bei Fr. Regensberg 1865. S. 11:

„§ 12. Ihre Vorgesetzten müssen sie als Stellvertreter Gottes ansehen und denselben wie Gott selbst gehorchen. Die Statuten der Kongregation, sowie die von dem Vorsteher des Hauses vorgeschriebene Haus- und Tages-Ordnung müssen sie als eine ihnen von Gott gegebene Lebensregel betrachten."

2. Satzungen der Franziskaner-Tertiarier-Brüder vom Lusberge bei Aachen (handschriftlich):

„No. 33. Ueberzeugt, dass kein Opfer Gottes würdig und Ihm wohlgefällig ist, wenn es nicht im Geist und in der Wahrheit dargebracht wird, wollen sie auch ihr Urtheil und ihren Willen Gott opfern und so Gottes Knechte werden durch vollkommenen Gehorsam gegen ihren Oberen, den sie als Gottes Stellvertreter unter ihnen ansehen und ehren. Alles was **nicht** die Regel und die Satzungen gebieten oder die Naturnothwendigkeit erheischt, werden sie nicht ohne Erlaubniss des Oberen thun, alle dessen Befehle, die nicht gegen Gottes und der Kirche Gesetz offenbar verstossen — was Gott verhüten wird — werden sie pünktlich und hurtig ohne Widerrede und Widerstreben vollziehen; keine Anordnungen des Oberen werden sie je tadeln oder dawider murren, auch kein Urtheil wider die Handlungsweise oder die Anordnungen desselben in sich aufkommen lassen, ... Erlaubnisse, Weisungen, Verweise von ihm mit gebogenem Knie (diese Worte sind in dem vorliegenden Exemplar mit Bleistift durchstrichen und es ist an ihre Stelle von anderer späterer Hand, ebenfalls mit Bleistift gesetzt: „grösster Ergebenheit") empfangen."

3. Satzungen der barmherzigen Brüder aus dem Mutterhause zu Coblenz, Kap. 6 (handschriftlich):

„Durch das Gelübde des Gehorsams weiht der Ordensmann dem Herrn seinen eigenen Willen, indem er diesen dem Befehle und der Leitung seines Oberen, welcher Gottes Stelle für ihn vertritt, unterwirft.

Das Gelübde selbst bezieht sich blos auf die äusseren Handlungen, welche der Obere gebietet und untersagt. Um diese Gott recht wohlgefällig zu machen, muss zu dem Gelübde noch die Tugend des Gehorsams hinzukommen. Diese besteht aber darin, dass man den Befehl des Oberen nicht blos in der That vollführt, sondern ihm auch mit dem Herzen und Wollen beistimmt, ja sogar sein eigenes Urtheil, seine Ansicht und Ueberzeugung der des Oberen völlig gleich zu machen sucht. Der Gehorsam sieht dabei nicht auf die Person des Befehlenden, er folgt ihm nicht wegen der Ueberlegenheit seines Verstandes, wegen seines Alters oder seiner Verdienste, noch weniger aus Furcht vor seiner Macht; er sieht in dem Oberen, wenn diesem gleich alle diese natürlichen Eigenschaften abgingen, nur Gottes Stellvertreter, in seinen Geboten nur Gottes Willen, sein Gehorsam zielt auf Gott ab. So sollen also die Brüder nie vergessen, dass es Gott ist, der ihnen durch den Mund des Oberen seine Befehle giebt . . . . Bleibt es auch den untergebenen Brüdern gestattet, ihrem Oberen oder dessen Stellvertreter in aller Bescheidenheit wohl gegründete Bedenken gegen seine Weisungen vorzutragen, so muss sich doch jeder, nachdem er dies gethan, bei seiner Entscheidung vollkommen beruhigen und seinem Willen ganz ergebenst nachkommen."

4. Satzungen der barmherzigen Brüder in der Diöcese Limburg. Kap. 6 (handschriftlich):

„. . . . weiht der Ordensmann dem Herrn noch seinen Willen, indem er diesen durch das Gelübde des Gehorsams dem Befehle und der Leitung seines Oberen, der Gottes Stelle für ihn vertritt, unterwirft und zwar in allen Dingen, worin der Obere nach den Regeln und Satzungen des Ordens und nach dem Geiste derselben zu befehlen und anzuordnen hat. Das Gelübde bezieht sich nun zwar blos auf die äusseren Handlungen, welche der Obere gebietet oder untersagt, so dass deshalb das Gelübde noch nicht verletzt wird, wenn man den Befehlen mit innerem Widerstreben, also ohne Tugend des Gehorsams nachkommt. . . . Die Tugend des Gehorsams aber besteht darin, dass man nicht blos den Befehl des Oberen in der That vollführt, sondern ihm auch mit dem Herzen und Willen innerlich beistimmt, ja sogar sein eigenes Urtheil, seine Ansicht und Ueberzeugung der des Oberen unterwirft und gleichförmig zu machen sucht, also nicht mehr fragt: Wozu dies? Wozu jenes? sondern sich unbedingt der Leitung des von Gott gesetzten Oberen übergiebt. Der Gehorsam sieht dabei nicht auf die Person des Befehlenden, er folgt ihm nicht wegen der Ueberlegenheit seines Verstandes, wegen seines Alters oder wegen seiner Verdienste, noch weniger aus Furcht vor seiner Macht, er sieht in dem Oberen, wenn diesem gleich alle diese

Eigenschaften abgingen, nur Gottes Stellvertreter, in seinem Gebote nur Gottes Willen. Sein Gehorsam zielt auf Gott selbst. Deshalb hat all sein Thun einen übernatürlichen Werth und sein Tagewerk bildet eine Kette von Tugenden, mag er gleich das Unbedeutendste und Geringste verrichten. Auch sündigt er durch diesen Gehorsam nie, es sei denn, dass er wissentlich einem sündhaften Befehle nachkommen würde."

5. Statuten der Celliten, auch Alexianer-Brüder genannt, S. 71:

„Um in der Tugend Fortschritte zu machen, ist es vor Allem erspriesslich, ja höchst nothwendig, dass sich alle einem vollkommenen Gehorsam hingeben, so dass sie den Oberen, wer er auch immer sein mag, als den Stellvertreter Jesu Christi unseres Herrn ansehen und mit innerer Ehrfurcht und Liebe ihm zugethan seien, dass sie Alles, was er befiehlt, sei es auch schwer und der Sinnlichkeit zuwider, nicht allein äusserlich vollkommen, ohne Zaudern, mit geistigem Frohsinn, starkmüthig und ohne Entschuldigung vollziehen, sondern auch sich bestreben innerlich ihren Willen und ihr Urtheil dem Urtheile des Oberen in Allem, was nicht offenbar Sünde ist, mit vollkommener Selbstverläugnung zu unterwerfen."

6. Konstitutionen der christlichen Schulbrüder S. 21:

„Den Bruder Superior des Instituts dürfen sie (die Brüder) nicht anders nennen als: unser sehr lieber Bruder Superior und ihren Direktor nicht anders als: unser lieber Bruder Direktor.

. . . . . .

Die Brüder müssen in der Person ihres Direktors immer Gott betrachten und Sorge tragen, dass sie sich auf keine andere Weise an ihn wenden als in der Voraussetzung, er sei mit dem Ansehen Gottes bekleidet. In dieser (sic) Stimmung müssen sie sich versetzen, ehe sie vor ihm erscheinen.

Wenn der Bruder Direktor irgendwo erscheint, so müssen die Brüder, die sich gerade da befinden, aufstehen, ihn grüssen, indem sie sich verneigen und unbedeckt bleiben, bis er sich gesetzt oder bedeckt haben wird.

. . . . . .

Sie dürfen mit dem Bruder Direktor niemals anders als mit höchster Achtung sprechen, immer mit leiser Stimme und in Ausdrücken, welche die Verehrung bezeichnen, die sie für ihn hegen, indem er die Stelle Gottes vertritt, den sie in seiner Person anerkennen und verehren müssen.

S. 22:

„Die Ermahnungen, die sie bei der Rechenschafts-Ablegung oder zu irgend einer andern Zeit von ihm erhalten, müssen sie mit so hoher Achtung annehmen, als kämen sie von Gott selbst, indem sie den Bruder Direktor für nichts anderes als für das Organ und die Stimme Gottes halten, der ihnen durch ihn die Mittel bekannt macht, deren sie sich bedienen sollen, um zu ihm zu gelangen.

Mit der nämlichen Gesinnung von Achtung und Unterwürfigkeit müssen sie auch alle seine Befehle und Gebote annehmen, indem sie in ihm das Ansehen Gottes anerkennen, das ihm mitgetheilt ist, und **seine göttliche Majestät, die er darstellt.**

Wenn der Bruder Direktor einen Bruder tadelt oder belehrt, so muss dieser, wenn er eben sitzt, aufstehen und die Kopfbedeckung abnehmen, steht er aber, so muss er sogleich auf die Kniee niederfallen und er darf nicht eher seine vorige Stellung wieder annehmen, als bis ihm der Direktor das Zeichen dazu giebt; kniet er aber bereits, **so hat er nur (!!) den Boden zu küssen.**

Auf alle Ermahnungen, Verweise und Befehle, die den Brüdern von dem Bruder Direktor oder in seinem Namen gegeben werden, dürfen sie nicht das Geringste erwidern und sie müssen das, was er ihnen befohlen hat, oder hat befehlen lassen, auf der Stelle in Ausführung bringen, wenn es ihnen auch noch so beschwerlich und hart vorkommen sollte. Es reicht hin, dass ihnen etwas zu thun befohlen worden, um es weder schwer noch unmöglich finden zu dürfen, wenn es nicht gegen die Gebote Gottes ist.

S. 32:

„Drittens: Die zehn Gebote, welche den Brüdern der christlichen Schulen eigenthümlich sind, und die sie immer im Sinne haben müssen, um sie auszuüben und welche Gegenstand ihrer Gewissenserforschung sein müssen, als: 1. Ihr sollt Gott in eurem Vorgesetzten ehren, indem ihr ihm pünktlich gehorcht."

S 34:

„Durch das Gelübde des Gehorsams verpflichtet man sich zu gehorchen:

1. dem Superior der Gesellschaft und dem oder denen, die nach ihm dieses Amt versehen,

2. den besonderen Direktoren, welche der Bruder Superior bereits aufgestellt hat, oder noch aufstellen wird;

3. dem Kollegium dieser Gesellschaft, mag dieses aus mehreren entweder Direktoren oder andern unter diesem Namen Versammelten bestehen.

Allen diesen muss man bei Strafe der Todsünde gehorchen, wenn sie in Kraft der Gelübde etwas befehlen.

4. verpflichtet dieses Gelübde zur Eintracht mit den Brüdern Inspektoren und zur Unterwürfigkeit gegen sie oder gegen die ersten Lehrer der Schulen."

S. 38:

„Die Brüder müssen sich sorgfältig und vor Allem angelegen sein lassen, vollkommen Gehorsam zu erweisen:

1. unserm heiligen Vater, dem Papste, und allen Entscheidungen der Kirche, und 2. ihren Oberen und zwar nur aus Absicht und Antrieb des Glaubens.

Sie müssen auf das erste Zeichen des Bruder Direktors Alles verlassen mit dem Gedanken, Gott selbst sei es, der sie ruft und ihnen befiehlt."

S. 39:

„Sie dürfen ohne Erlaubniss gar nichts thun, so unbedeutend und unwichtig es auch immer sein möge, um Gewissheit haben zu können, dass sie in allen Dingen den Willen Gottes erfüllen."

Ganz in derselben Weise bestimmen die Satzungen der Frauengenossenschaften die Pflicht des Gehorsams.

7. Regel für die Kongregation der Cellitinnen S. 14.

„Der Oberin müssen die Schwestern blinden Gehorsam leisten, ohne Murren und Widerreden. Haben sie einen Grund, den die Oberin nicht kennt, etwas gegen den Befehl zu erwidern, so sagen sie es mit Ruhe und Bescheidenheit und beruhigen sich vollkommen und gehorchen, wenn die Oberin auf ihrem Befehl besteht."

S. 15: „Vor der Oberin müssen die Schwestern, als vor der Stellvertreterin Gottes Ehrfurcht und Achtung zeigen, in ihrer Gegenwart nicht eher sich setzen, als bis sie selbst niedersitzt oder hierzu Erlaubniss ertheilt."

8. Regel der Kongregation B. Mariae Virginis (handschriflich) Th. II. No. II:

„Sie geloben nämlich ihrer Oberin Gehorsam in Allem, was nicht Sünde ist. Sie sollen sich erinnern, dass sie in der Person ihrer Oberin unserm Herrn selbst gehorchen, und werden deshalb schnell und freudig das Gebotene vollziehen. Auch den untergeordneten Oberen gehorchen sie in gleicher Weise.“

9. Regel der Töchter der christlichen Liebe (barmherzige Schwestern, soeurs de charité) vom h. Vincenz v. Paula aus dem Mutterhause zu Nippes bei Cöln (handschriftlich) Kap. 4:

„Sie sollen sich besonders bestreben, pünktlich im Gehorsam zu sein, mit Unterwerfung des Urtheils und des Willens in allen Dingen, wo man keine Sünde sieht, und gegen jede Oberin und Offizialschwester, sowohl gegen unvollkommene und unangenehme als gegen vollkommene und angenehme, wohl bedenkend, dass man nicht so sehr den Personen gehorcht als vielmehr unserm Herrn Jesus Christus, welcher durch ihren Mund befiehlt.“

10. Regeln der barmherzigen Schwestern vom h. Vincenz v. Paula aus dem Mutterhause zu Paderborn (handschriftlich) No. 4. Vom Gehorsam:

„Der Gehorsam, welcher gleichsam die Seele der geistlichen Gemeinden ist, bringt so viele Gnaden mit sich, vervielfältigt jeden Augenblick unsere Verdienste so wunderbarlich, dass die Schwestern sich nie zu viel anstrengen können, um in keiner Uebung diese Tugend ausser Acht zu lassen. . . . Alles, was die Vorgesetzten ihnen auferlegen, werden sie mit Muth und gutem Willen thun, sie werden sogar, wenn es möglich ist, ihrem Verlangen zuvorkommen, um in ihnen die oberste Gewalt Gottes, den sie vorstellen, zu verehren. . . . Kann man ohne Schuld die Befehle derjenigen verachten, die uns anstatt Gottes vorgesetzt sind?“

11. Regeln und Statuten der barmherzigen Schwestern vom h. Carl Borromäus Saarlouis S. 1861. S. 55.

„Da nun die Schwestern in der Hingabe ihres Urtheils und des freien Willens das kostbarste Opfer gebracht haben, so sollen sie im Geiste dieses Gelübdes ihre Regel und Vorschriften, sowie die täglichen Pflichten mit unverletzlicher Treue erfüllen. Sie sollen diese Tugend beständig vor Augen haben und versichert sein, dass von ihrer Ausübung und dem Eifer, womit sie die Befehle der Oberinnen getreu und gern erfüllen, am meisten ihr geistliches Fortschreiten abhängen wird.

Gegen ihre Oberinnen werden sie eine sehr grosse Ehrfurcht bezeigen und nur mit der grössten Bescheidenheit mit ihnen sprechen. Ohne Murren, ohne Tadel und ohne Widerstand, sondern willig, aufrichtig und schnell sollen sie ihnen in allen Dingen folgen, wie Gott selbst, dessen Stellvertreter sie sind und der ihnen die Macht gab, sie in seinem Namen zu leiten.“

12. Statuten der Genossenschaft der Schwestern der christlichen Schulen von der Barmherzigkeit (handschriftlich) § 10.

„Sie sollen den Gehorsam vollkommen üben, es müsste denn sein, dass das Gebotene nicht mit den Geboten Gottes oder der Kirche übereinstimmte. Sie sollen also:

1. In den Oberen die Person Christi betrachten und bedenken, dass Gott selber durch ihren Mund zu ihnen spricht, sie sollen demüthig hören und befolgen, was sie verbieten oder gebieten, als ob Jesus Christus selbst es thäte.“

13. Konstitutionen der Schwestern U. L. Frau von der Liebe des guten Hirten (handschriftlich) Satzung XV.

„Alle sollen treu, rasch, vorbehaltlos, offen und herzlich der Oberin, als ihrer Mutter, d h. mit einer ganz kindlichen Liebe gehorsamen, ihr äusserlich und innerlich die Ehrfurcht bezeigend, welche sie ihr aus Liebe zu Unserm Herrn und seiner hochseligen Mutter zu erweisen verpflichtet sind, die sie in ihr erblicken sollen."

14. Die Regel und Konstitutionen der Schwestern von der Busse und der christlichen Liebe S. 55:

„1. Durch die Gelübde des Gehorsams entsagen die Schwestern ihrem eigenen Willen. Kraft dieses Gelübdes sind sie verpflichtet, ihren Vorgesetzten in Allem, was nicht offenbar Sünde ist, zu gehorchen.

2. Sie sollen dieselbe als Gottes Stellvertreter betrachten und sich ihren Verordnungen ohne Aufschub, ohne Unzufriedenheit, ohne inneres oder äusseres Murren, mit Liebe, Ehrerbietung, Heiterkeit und Einfalt unterwerfen.

3. Da der Friede und das Gedeihen jedes einzelnen Hauses und der ganzen Genossenschaft hauptsächlich von der vollkommenen Beobachtung dieses Gelübdes abhängt, so soll diejenige Schwester, welche sich gegen den Gehorsam oder die der Oberin schuldige Ehrfurcht schwer und öffentlich verfehlt, **bei der gemeinschaftlichen Mahlzeit Wasser und Brod vom Boden essen (!)** und an diesem und dem folgenden Tage von der Erholung ausgeschlossen werden."

15. Regel der Mägde Marias S. 10.

„§ 17. Die Tages-Ordnung in Betreff der geistlichen Uebungen, der Hand-Arbeiten und anderen Beschäftigungen, welche die Verhältnisse und Zeit-Umstände erfordern, werden die Schwestern gewissenhaft beobachten und erfüllen; und widerum Alles verlassen, wenn sie zu anderen Verrichtungen von der Oberin berufen werden, als ob sie die Stimme Gottes hörten.

§ 18. Im Gehorsam, der alle Opfer übertrifft, mögen sie sich sehr fleissig üben, und sich in Allem von den Vorgesetzten frei leiten lassen, dasjenige als etwas Besseres erachtend, was die Oberen befehlen, wenn es nur nicht zur Sünde führt. Sollten sie einer entgegengesetzten Ansicht sein, so mögen sie mit Demuth und Sanftmuth ihre Gründe der Oberin vorlegen, indem sie sich dem Willen Gottes unterwerfen, der durch die Vorgesetzten das befehlen wird, was zu ihrem Besten und zu ihrer grösseren Vollkommenheit gereicht.

§ 19. . . . Sie werden die Oberin achten und ihr mit Kindesliebe anhängen; alle ihre Verordnungen erfüllen, als den Willen Christi, der ihnen durch die Oberin verkündet wird, indem sie Alles, was sie befiehlt, für das Beste erachten, denn durch den Gehorsam bringen sie Gott das kostbarste Opfer ihres Willens. . . . diesen, Gott so angenehmen Gehorsam, sind sie sowohl der General-Oberin, als auch den dieser untergeordneten Oberinnen, welche in Bezug auf sie die Stelle Christi vertreten, schuldig."

16. Regel u. Konstitutionen des klösterlichen Instituts der armen Schulschwestern de Notre Dame S. 35:

„1. Der klösterliche Gehorsam besteht darin, dass man sich aus Liebe zu Gott den Befehlen und der Leitung der Oberen unterwirft. Diese Tugend ist die Grundlage, der Stab, der Leitstern, das einzig zuverlässige Malzeichen des christlichen Lebens und der evangelischen Vollkommenheit, der Gehorsam ist der Inbegriff aller Tugenden und der christlichen Vollkommenheit überhaupt. . . .

3. Die Schwestern sollen sich daran gewöhnen in der Person ihrer Oberin, sowohl des Mutterhauses als der Filialen, die Person Jesu Christi zu erkennen, es mag nun die Oberin vollkommen sein oder nicht; sie sollen desshalb Alles, was ihnen befohlen wird, mit innerer und

äusserer Ehrfurcht und in der reinen Absicht vor und für Gott vollziehen. . . .

6. Sie sollen in Allem gehorchen, was befohlen wird, sei es leicht oder schwer, wichtig oder nicht — die Sünde ausgenommen. . . .

8. Ihr Gehorsam soll blind sein; sie sollen thun, was ihnen befohlen ist, ohne zu fragen: Warum?, ohne die Absicht zu erforschen oder über die Befehle der Oberinnen zu klügeln, ohne Widerrede, ohne Entschuldigungen dagegen."

17. Statuten der armen Dienstmägde Christi S. 6:

„§ 5. Weil ohne Uebung des Gehorsams keine geistliche Genossenschaft bestehen kann und von der Uebung dieser Tugend aller Fortschritt einer gottgeweihten Seele im geistlichen Leben abhängt, so müssen die Schwestern sich bemühen, nicht nur ihre Konstitutionen auf's Genaueste zu beobachten, sondern auch ihren Vorgesetzten freudig, pünktlich und schnell in Allem zu gehorchen, was nicht dem Willen Gottes und den Geboten der Kirche zuwider ist, indem sie aus Liebe zu Jesus ihrem eigenen Urtheil entsagen, um in der Uebung des Gehorsams den Willen Gottes zu erfüllen."

18. Statuten der Kongregation der h. Hedwig (handschriftlich) Abschnitt 3:

„§ 14. . . . Die Schwestern sind aber besonders deswegen gehalten, der Tugend des Gehorsams nachzustreben, weil sie durch ihre Gelübde die Freiheit des Willens geopfert und auf das eigene Urtheil verzichtet haben.

§ 15. Die Schwestern sollen gegen die Oberin eine sehr grosse Ehrfurcht an den Tag legen, nur mit grosser Bescheidenheit und nicht von fern oder in lautem Tone mit ihr sprechen. Sie sollen weder murren, noch tadeln, noch auch ihren Befehlen widersprechen, sondern willig, aufrichtig und schnell in Allem gehorchen, wissend, dass sie dadurch den Willen Gottes erfüllen."

19. Satzungen der Schwestern U. L. Frauen zu Coesfeld (handschriftlich) II. Abtheilung:

„48. Jede Schwester muss sich insbesondere bemühen, in der Person ihrer Vorsteherin nicht einen, den Gebrechen und Schwachheiten unterworfenen Menschen, sondern Gott selbst zu erblicken, der über alle Gebrechen und Schwachheiten erhaben ist. Jede gehorche mit völliger Unterwerfung ihrer Vorsteherin, wer es auch sein möge, wie sie Gott selbst gehorchen würde.

49. Jede muss ohne Klagen, Murren und Einrede mit einem bereitwilligen Herzen das vollbringen, was durch den Gehorsam aufgelegt ist, auch wenn das Befohlene der verderbten Natur zuwider läuft. Wo man nicht ganz klar sieht, dass dasjenige, was befohlen wird, Sünde ist, da befleissige sich Jede, den Befehl der Vorsteherin als den heiligen Willen Gottes zu vollziehen. . . .

51. Allein der vollkommene Gehorsam besteht nicht darin, dass man nur äusserlich vollbringe, was die Vorsteherin vorgeschrieben hat: das ist Gehorsam, welcher aus wahrer Unterwerfung des Geistes und Herzens entspringt. Darum soll man jeder widerstrebenden Meinung einen blinden Gehorsam entgegensetzen, und so viel möglich, den eigenen Willen in den der Vorsteherin aufgehen lassen . . ."

20. Konstitutionen der grauen Schwestern von der h. Elisabeth (handschriftlich) Th. 1. Kap. 6.

„1. Durch das Gelübde des Gehorsams opfern die Schwestern Gott ihre Seele auf und besonders die zwei Hauptvermögen, nämlich: den Willen und den Verstand. Dadurch verpflichten sich die Schwestern zur treuen Befolgung ihrer Statuten und der von den Vorgesetzten erhaltenen Befehle. Darin ist zugleich der Gehorsam gegen die allgemeinen Kirchengesetze eingeschlossen. . . .

4. Jede Professschwester muss ferner in allen Stücken gehorchen, wenn der Befehl nicht offenbar gegen die Konstitutionen, die Kirchengetze oder die Moral verstösst.

5. Ebenso muss sie gehorchen, wenn sie darüber zweifelhaft ist. Nur wo sie augenscheinlich eine Sünde erkennt, muss sie Gott mehr als den Menschen gehorchen. . . .

9. Um aber den Gehorsam in der rechten Weise zu üben, sollen die Schwestern ihren Eigenwillen beständig bekämpfen und sich bemühen, ihr eigenes Urtheil des Verstandes jenem der Vorgesetzten zu unterwerfen.

10. Sie werden es also nicht besser wissen wollen als die Oberin, ihre Befehle nicht tadeln, innerlich nicht murren und mit Andern darüber nicht sprechen, sondern schnell, bereitwillig, freudig, ja blindlings zu gehorchen sich bemühen."

21. Regeln der englischen Fräulein zu Fulda (handschriftlich):

„34. Zum geistlichen Fortschreiten ist am meisten förderlich, ja sogar sehr nothwendig, dass alle dem vollkommenen Gehorsam sich ergeben.

35. Alle sollen die Verfügung über sich selbst und ihre Sachen mit wahrem Gehorsam der Oberin anheimstellen, ihr nichts verborgen halten, auch mit Demuth ihr Mängel offenbaren, nicht widerstreben oder widersprechen, noch auf irgend eine Weise ihr eignes Urtheil dem Urtheile der Oberin widerspänstig erzeigen, damit sie durch Vereinigung ihres Willens und ihrer Meinung und durch schuldige Unterwürfigkeit desto besser im Dienste Gottes erhalten und Fortgang gewinnen. . . .

38. Auf die Stimme der Oberin und das Glockenzeichen sollen sie gleich als wenn es von dem Munde Christi herkäme, augenblicklich gehorchen und Alles sogar einen angefangenen Buchstaben unvollendet stehen lassen.

39. All' ihre Kräfte und ihre Meinung im Herrn soll auf dieses Ziel und Vorhaben gerichtet sein, dass der heilige Gehorsam sowohl im Werke als im Willen und Verstand allzeit vollkommen sei, indem sie mit grosser Schnelligkeit, geistlicher Freude und Beständigkeit alles, was ihnen befohlen ist, vollziehen, alles für billig halten, alles eigne Urtheil, jede widerstrebende Meinung durch blinden Gehorsam verläugnen."

22. Regeln des Instituts Mariä. Augsburg, gedruckt bei Joh. Bapt. Rösl (ohne Jahr, aus dem vorigen Jahrhundert) — d. h. Regeln der englischen Fräulein zu Frankfurt a. M. — S. 21:

„35. Zu dem geistlichen Aufnehmen ist allermeist beförderlich, ja allerdings von nöthen, dass sich alle dem vollkommenen Gehorsam ergeben, ihre Oberin (wer die immer sey) anstatt Christi unsers Herrn annehmen, und ihr innerliche Ehr und Lieb erweisen, und was sie schaft, sollen sie nicht allein mit äusserlichem Werk gänzlich, willig, beständig und mit gebührender Demuth, ohne alle Aus- und Widerred, ob sie schon schwere und der Sinnlichkeit widrige Dinge bestellete, Gehorsam leisten, sondern sich auch befleissen, der innerlichen Abtödtung und Verläugnung ihres eignen Wilens und Urtheils, ihren Willen und Meinung in allen Dingen (darin man keine Sünd spüret) mit dem, was die Oberinn will und urtheilet vereinigen, der Oberinn Willen und Meinung für ihres Willens und Meinung Richtschnur halten, damit sie desto besser mit der höchsten Richtschnur alles guten Willens und Verstands, das ist, der ewigen Weisheit und Güte gleichförmig werden."

S. 24: „39. Zu der Oberinn Stimme und Glockenzeichen sollen sie gleich, als wenn es von dem Mund Christi selbst herkäme, auf das bereitheste seyn, und alles, sogar einen angefangenen unvollendeten Buchstaben stehen lassen.

40. Zu dem Ziel und Vorhaben soll all ihr Vermögen und Meinung im Herrn gerichtet seyn, dass der heilige Gehorsam im Werke, Willen und Verstand, so viel an ihnen ist, allzeit vollkommen sey, und mit grosser Eil, geistlicher Freud und Beständigkeit alles, was ihnen befohlen ist, vollziehen, alles für billig halten, alle ihre Urtheil und widerwärtige Meinung durch einen blinden Gehorsam verrichten.

41. Eine jede soll dafür halten, dass, welche unter dem Gehorsam lebt, müsse sich von der göttlichen Fürsichtigkeit durch die Oberinn leiten und regieren lassen, **gleich als ob sie ein todter Leib wäre, der sich hin und wider welzen, und legen lässt, oder als ob sie eines alten Menschen Stab wäre, der sich allenthalben und auf allerley Weis gebrauchen lässt, wie dem, der ihn in der Hand hat, gefällig ist.“**

23. Regeln und Statuten der dritten Ordens- und Schulschwestern (d. h. des III. Ordens des h. Franziskus, preussisches Mutterhaus zu Gieboldehausen). Innsbruck 1853, gedruckt bei Felician Rauch. S. 28:

„1. Der Gehorsam ist das Hauptgelübde des Ordensstandes und besteht bekanntlich in der freiwilligen und grossmüthigen Hinopferung des eigenen Willens und in gewisser Weise auch des Verstandes und der eigenen Einsicht unter den Willen u. Einsicht einer geistlichen Oberin aus Liebe zu Gott nach dem Beispiele Jesu Christi. . . .

3. Die Schwestern sollen daher nicht so fast den Befehl eines Menschen, sondern vielmehr den Befehl Gottes, dessen Stelle die Oberin hierin zu vertreten hat, erkennen und sich blind, ohne Beurtheilung des Anbefohlenen, schnell, ohne zu zögern und freudig, denn Gott liebt nur einen freudigen Geber, demselben fügen und unterwerfen. Nur in dem einzigen Falle sollen sie sich von der Verbindlichkeit des Gehorsams für befreit halten, wenn die Oberin ihnen etwas befehlen sollte, was offenbar sündhaft oder den Vorschriften der heiligen Regel oder den Verbindlichkeiten der Gelübde zuwider wäre, was jedoch bei einer gewissenhaften Oberin gewiss nicht leicht der Fall seyn wird.“

24. Regel des h. Augustinus und die beiden ersten Theile der Konstitutionen der geistlichen Jungfrauen der h. Ursula nach dem Institute von Bordeaux. Berlin 1868, Druck v. G. Jansen. S. 69:

„1. Für das Fortschreiten im geistlichen Leben ist es vor Allem zuträglich und sogar höchst nothwendig, dass sich Alle dem vollkommenen Gehorsam ergeben, indem sie in ihren Obern, wie diese auch immer beschaffen sein mögen, Jesum Christum erkennen, eine innerliche Liebe und Ehrfurcht gegen sie tragen und ihnen unbedingt, geschwind, mit Muth und wahrer Demuth, ohne Murren und Entschuldigung gehorchen und das nicht nur äusserlich durch Vollziehung ihrer Aufträge, mögen diese auch schwer und der Sinnlichkeit zuwider sein, sondern auch innerlich durch eine wahre und vollkommene Hingebung und Verleugnung ihres eigenen Willens und Urtheils. Sie sollen sich daher jederzeit und überall in alles das fügen, was ihnen befohlen wird, wenn es nicht offenbar Sünde ist, und, um sich desto vollkommener nach der ersten und höchsten Regel aller Heiligkeit zu richten, welches die ewige Weisheit ist, in der Leitung ihrer Oberin die Richtschnur für ihren eigenen Willen und ihr eigenes Urtheil zu erkennen.

2. Damit der heilige Gehorsam sowohl in dem äusseren Werke, als auch im Willen und Urtheile stets ganz vollkommen in ihnen sei, sollen sie all' ihr Denken und Trachten auf unsern Herrn richten und Alles, was ihnen befohlen wird, mit grosser Bereitwilligkeit, mit geistlicher Freude und mit Beharrlichkeit vollziehen, überzeugt, dass Alles recht sei, und durch einen blinden Gehorsam jede entgegengesetzte Ansicht und Meinung zurück weisend. . . .

5. Sie sollen bereit sein, der Stimme der Oberin so zu gehorchen, als wenn sie aus dem Munde des Herrn selbst käme.

6. Wenn das Glockenzeichen gegeben wird, sollen sie sich ohne Zögern dorthin begeben, wohin sie berufen werden. Sie sollen sich dabei vorstellen, dass Gott sie rufe, und von dem Verlangen beseelt, ihm einen vollkommenen Gehorsam zu leisten, alles Andere sogar den Nadelstich oder den angefangenen Buchstaben unvollendet lassen.

7. Sie sollen davon überzeugt sein, dass diejenigen, welche unter dem Gehorsam stehen, sich von ihren Oberen und in ihnen von der göttlichen Vorsehung regieren lassen müssen, **wie ein todter Leib, der sich nach allen Seiten hinwenden lässt.**

8. Sie sollen ihre eigene Person und alle ihre Angelegenheiten der Oberin mit wahrem Gehorsam zur freiesten Verfügung stellen und sich ihr nie widersetzen weder durch Widerspruch noch auch durch eine anderweitige Aeusserung eines entgegengesetzten Urtheils, damit sie durch Gleichförmigkeit der Ansichten und des Willens, wie durch schuldige Unterwürfigkeit, sich in dem Dienste Gottes erhalten und darin Fortschritte machen. *)"

25. Konstitutionen der Schwestern v. h. Kreuze S. 18:

„1. Sowie die Demuth die eigenthümliche Tugend der Genossenschaft sein muss, so soll darin der Gehorsam in allem vollkommen sein. Der Wille Gottes, der sich durch die Stimme der Oberin kund giebt, sei die Nahrung der Schwestern, wie er die des göttlichen Bräutigams war.

2. Mögen sie es immerhin gern zugeben, dass die andern klösterlichen Orden sie im Fasten, im Nachtwachen und in andern strengen Uebungen in Betreff des Lebensunterhaltes und der Kleidung übertreffen, so müssen dahingegen alle, welche unserem Herrn in dieser Kongregation dienen wollen, durch einen wahren und vollkommenen Gehorsam und durch Verläugnung ihres eigenen Willens und ihres eigenen Urtheils sich

---

*) Die ferner in den preussischen Niederlassungen gebräuchlichen Versionen der Konstitutionen (getruckt zu Wienn 1662. S. 11; Wien 1836. S. 42; Saarlouis, Druck von Franz Stein 1854. S. 32) enthalten die mitgetheilten Stellen nur mit unwesentlichen Wortveränderungen, den Passus No. 7 noch etwas schärfer dahin ausgedrückt: „als ein todter Leib, welcher sich angreiffen, und zu allen Seiten lasset umbwenden," „gerade wie ein todter Körper, der sich nach allen Seiten hin regen und bewegen lässt," „der sich tragen lässt, wohin man will, und jede Behandlung duldet." Die Stellen sind offenbar massgebend für die unter 21 bis 23 und 25 mitgetheilten Konstitutionen geworden. Die Quelle aller bilden die Jesuiten-Konstitutionen P. VI. c. 1, mit denen sie grösstentheils wörtlich übereinstimmen. Die Ursulinerinnen-Konstitutionen haben offenbar als unmittelbares Vorbild für die übrigen gedient. Dass bei der Abfassung dieser, soweit sie für die Anfangs des 17. Jahrhunderts entstandenen Kongregationen von Paris und von Bordeaux — dem letzteren Zweige gehören die preussischen Ursulinerinnen an — bestimmt waren, Jesuiten thätig gewesen sind, ist bekannt.

bemerklich machen, und müsse jedes wahre und rechtmässige Kind dieser Genossenschaft an diesem Kennzeichen unterschieden werden können; sie fürchte niemals die Person, welcher sie gehorcht, sondern in ihr unsern Herrn, um dessenwillen sie gehorcht. Denn man muss der Oberin nicht gehorchen, weil sie Klugheit und Güte besitzt und mit allen anderen Gaben des Himmels geschmückt ist, sondern einzig, weil sie die Stelle Gottes vertritt, und die Gewalt desjenigen ausübt, welcher gesagt hat: Wer euch hört, der hört mich; und wer euch verachtet, der verachtet mich. Und im entgegengesetzten Falle soll der Gehorsam nicht darunter leiden, weil diejenige, welche die Oberin ist, durch ihre Rathschläge und ihre Klugheit weniger tauglich ist, da sie immer die Person desjenigen vorstellt, dessen Weisheit nicht betrogen werden kann, und welcher selbst alles ersetzen wird, was derjenigen, die seine Stelle vertritt, sowohl in Tugenden, als in andern Eigenschaften abgeht.

3. Sie sollen nicht allein in der äussern Ausführung des Befohlenen, möge es auch noch so schwer und widerstrebend sein, der Oberin ganz, willig, eifrig mit der nothwendigen Demuth und ohne Entschuldigung gehorchen, sondern sie müssen auch darnach streben, innerlich eine wahre Verzichtleistung und Verleugnung ihres Willens und ihres Urtheils zu haben, indem sie in allen Dingen, wo es sich nicht um eine Sünde handelt, ihren Willen und ihr Urtheil mit dem, was die Oberin will und denkt, ganz gleichförmig machen, und den Willen und das Urtheil der Oberin als Regel für ihren Willen und ihr Urtheil sich vorsetzen dergestalt, dass sie der Oberin die völlige und freie Verfügung über sich selbst, über ihre Geschäfte, über alles, was sie haben und über alles, was sie angeht, anheimstellen.

4. Sie seien auf das Wort der Oberin ganz bereit, als wenn es aus dem Munde unsers Herrn käme, indem sie alles, was es auch sei, was sie angefangen haben und noch nicht beendigt, verlassen, ohne es zu beendigen. Der heilige Gehorsam muss sowohl in der Ausübung, als im Willen und im Geiste nach allen Seiten hin in ihnen vollkommen sein, indem sie mit einer grossen Schnelligkeit, geistlichen Freude und Beharrlichkeit, in allen erlaubten Dingen den Obern gehorchend, Alles, was ihnen geboten wird, thun in der Ueberzeugung, dass es so recht ist, und indem sie durch einen gewissen blinden Gehorsam auf jede eigene Empfindung und jedes eigene Urtheil verzichten; so dass sie sich von der göttlichen Vorsehung durch ihre Oberin leiten lassen, **wie ein Leichnam, der sich tragen lässt, wohin man will, und behandeln, wie man will, oder wie der Stab eines Greises, welcher demjenigen, der ihn in der Hand hält, überall und zu allen Dingen dient, wozu er ihn anwenden will.**“

Die Beweisstellen aus dem schwer zugänglichen Material sind absichtlich gehäuft worden. Sie zeigen, in ihrer Gesammtheit, dass es sich nicht um eine vielleicht bei einigen Genossenschaften hervortretende Eigenthümlichkeit handelt, sondern dass die jesuitische Theorie des Cadaver-Gehorsams das Kongregationswesen beherrscht. Wenn einzelne Konstitutionen die Forderung des Gehorsams in weniger starken Ausdrücken betonen, wie z. B. die Statuten der Franziskaner-Tertiarier-Brüder und Schwestern (gedruckt Linz a. Rhein. S. 9: „Der Gehorsam muss dem Obern — der Oberin — in allen erlaubten möglichen Dingen geleistet werden“), so ändert dies an und für sich an dem Gesammtresultat nichts.

Ueberdies stehen andere Konstitutionen in ihren Ausdrücken den vorhin mitgetheilten sehr nahe, vgl. z. B. die der barmherzigen Schwestern vom Orden der h. Elisabeth in Essen S. 44: „Demgemäss verpflichten sich die Elisabethinerinnen auf's feierlichste und strengste zum Gehorsam. Dieser angelobte Gehorsam ist ein unbedingter, vollkommener, d. h. die Mutter befiehlt und die Tochter gehorcht, ohne nach dem Grunde des Befehls zu fragen; es ist gleichsam ein militärisches Kommando, das ebenfalls solchen unbedingten Gehorsam fordert. Gleichwie der untergebene Soldat, so ist auch die Ordensschwester nicht verantwortlich, sobald sie in Gehorsam und Kraft eines Befehles der Vorgesetzten gehandelt hat; es trifft dann alle Verantwortung den Vorgesetzten, der den Befehl gegeben hat."

Was ferner in den wenigen Regeln und Konstitutionen, welche mir nicht zugänglich gewesen sind, enthalten ist, entzieht sich freilich der Beurtheilung. Und dasselbe gilt von den etwaigen Anweisungen und Belehrungen, welche über den Gehorsam den Mitgliedern der Genossenschaften von ihren Vorgesetzten und Oberen ertheilt werden.

Nach den vorliegenden Proben*) und mit Rücksicht auf den jetzt in der katholischen Kirche herrschenden Jesuitismus ist aber jedenfalls die Annahme nicht ungerechtfertigt, dass die sich aus den mitgetheilten Stellen ergebende Cha-

---

*) Interessant ist die nachfolgende Stelle aus dem Buche des späteren Erzbischofs von Cöln Frhrn. Clemens Droste zu Vischering, über die Genossenschaften der barmherzigen Schwestern, insbesondere über die Einrichtung einer derselben und deren Leistungen in Münster. 2. Ausgabe. Münster 1838. S. 123, theils wegen der eigenthümlichen Begründung der Pflicht des Gehorsams, theils wegen der dabei unterfliessenden Bemerkungen über die Stellung der weltlichen Obrigkeit. Sie lautet: „Unser Heiland war Seinem himmlischen Vater immer und überall und in Allem .... gehorsam. Aber Er war auch den Menschen gehorsam, gehorchte vor Seiner Geburt dem römischen Kaiser, da Er seine Mutter nach Bethlehem gehen machte. Die Absicht des Kaisers bei diesem Befehle mochte wohl eben nicht heilig sein; der Befehl mochte auch wohl nicht nöthig, mochte wohl unzweckmässig, unklug sein. Das Alles war Ihm, der Herz und Nieren durchforschet, Der alle Begebenheiten mit allen ihren fernen und nahen Ursachen und Wirkungen durchschauet, bekannt. Aber Er, der Herr des Himmels und der Erde, ehrte in der Obrigkeit Den, der dieselbe angeordnet hat, und gehorchte. Und da Ihm unrechtmässiger Weise Steuer abgefordert wurde, liess Er dieselbe dennoch zahlen, damit nicht durch den Anschein des Ungehorsams Aergerniss entstünde.... Aber die Obrigkeit ist von Gott angeordnet, vertritt Gottes Stelle, und Er, Dem Legionen Engel zu Gebothe stehen, gehorchet. Das Beispiel des Herrn sei den barmherzigen Schwestern die Regel des Gehorsams. 1. Wo immer sie zum Gehorsam verpflichtet sind, sollen sie um Gottes willen gehorchen, weil solche, denen sie Gehorsam schuldig sind, bei ihnen in dieser Hinsicht Gottes Stelle vertreten; und wenn auch ein Befehl oder Verboth, wohl manchmal anders, besser sein könnte, so will doch Gott, dass sie gehorchen, ausser in dem einzigen Falle, wo ein Befehl oder Verboth ganz klar mit einem höhern Befehl oder Verboth, in einem jedem als unvereinbarlich auffallenden Widerspruch wäre."

rakterisirung der Gehorsams-Theorie im Allgemeinen für alle Genossenschaften zutrifft.

Anscheinend mildern zwei Momente jene Forderung des unbedingten und blinden Gehorsams.

Sowohl in Betreff der Regeln und Konstitutionen der Orden, wie auch der religiösen Genossenschaften, gilt der auch oft in ihnen ausdrücklich ausgesprochene Grundsatz,

s. z. B. die citirten Konstitutionen der Schulbrüder S. 35; der Ursulinerinnen S. 124; der Schwestern v. d. Busse S. 128; der Schwestern v. h. Kreuze S. 77; der armen Schulschwestern de Notre-Dame S. 136,

dass die Uebertretung der Regeln, Konstitutionen und Befehle der Oberen an und für sich keine Sünde, weder eine lässliche noch eine Todsünde bildet,

vgl. Bouix l. c. t. II. p. 428.

Ferner sind die Mitglieder der Orden und Genossenschaften, wie schon oben hervorgehoben worden und sich aus den S. 50 abgedruckten Stellen ergiebt, von der Pflicht des Gehorsams entbunden, wenn ihnen etwas befohlen wird, was offenbar eine Sünde ist oder gegen die Konstitutionen und Regeln verstösst.

Irgend eine reale Bedeutung haben indessen jene beiden Momente nicht. Die Beobachtung der Gehorsamspflicht wird in den Konstitutionen als ein so verdienstliches Werk geschildert, so eindringlich unter Hinweisung auf den durch ihre Vernachlässigung entstehenden Verlust der besonderen geistlichen Gnaden eingeschärft, dass es eines solchen Zwangsmittels, wie der Verpflichtung unter Strafe der Sünde, nicht bedarf. Man misst dies im Allgemeinen um so lieber, als durch dasselbe bei den vielen minutiösen Vorschriften der Regeln und Satzungen skrupulöse Gemüther von Uebernahme der Gelübde zum Nachtheile der religiösen Genossenschaften abgehalten werden könnten, für den einzelnen Fall aber der Obere jeder Zeit in der Lage ist, durch Befehle in Kraft des Gelübdes, welche bei Sünde verpflichten, den erforderlichen Druck auf das Gewissen eintreten zu lassen.

Das Recht der Mitglieder auf selbstständige Prüfung der Rechtmässigkeit der Befehle ihrer Oberen erweist sich bei dem weiten Begriff: „offenbar" als eine rein theoretische, praktisch gleichgültige Ausnahme. Ihre thatsächliche Anwendung scheitert ferner daran, dass nach vorgebrachtem Zweifel der wiederholte Befehl des Oberen befolgt werden muss. Auch werden Personen, welchen die Verleugnung ihres Willens und ihres Urtheils zur Gewohnheit und zur zweiten Natur geworden ist, kaum jemals Kritik üben, und eine etwaige derartige Regung im Hinblick auf die Verantwortlichkeit des Oberen für seine Befehle sofort unterdrücken.

Es kann demnach mit vollster Berechtigung gesagt werden, dass der Gehorsam, zu welchem die Zugehörigkeit zu einer der gedachten Genossenschaften verpflichtet, thatsächlich und praktisch die eigene Willens- und die eigene Denkthätigkeit aufzuheben bezweckt, das bedeutet aber nichts weniger, als: die geistige Persönlichkeit des Individuums vernichten soll. Denn das Wesen derselben beruht auf jenen beiden geistigen Faktoren.

Ob sich eine derartige Zerstörung der Grundbedingungen des geistigen Lebens der Persönlichkeit, selbst wenn sie von dem einzelnen freiwillig an sich vollzogen wird, vom Standpunkt der Ethik aus rechtfertigen lässt oder ob sie nicht vielmehr in ethischer Beziehung dem physischen Selbstmorde gleichsteht, ist hier zu untersuchen, nicht der Ort.

Jedenfalls ergiebt das Angeführte — darauf kommt es für den vorliegenden Zweck allein an —, dass Verbindungen, in denen eine solche Pflicht übernommen wird, weder Vereine im eigentlichen Sinne des Wortes sind, noch dass sie durch die Gesetze diesen prinzipiell gleich behandelt werden können und dürfen. Die Rechts- und Handlungsfähigkeit auf dem Gebiete des öffentlichen Rechtes setzt selbstständige Willens- und Urtheilsfähigkeit oder mindestens die Möglichkeit derselben voraus. Wenn diese Qualifikation auch nicht das Erforderniss der Rechtsfähigkeit für privatrechtliche Verhältnisse bildet, so ist sie es doch, für die Ausübung von Privatrechten d. h. für die Handlungssfähigkeit. Geistig entmündigten Personen können weder öffentliche Rechte überhaupt, noch Privatrechte auch nur zur selbstständigen Ausübung überlassen werden.

Schon damit ist die Unrichtigkeit der oben erwähnten Ansicht, dass das innere Leben der Orden und der Kongregationen den Staat nichts angehe, und ihn nicht berühre, dass es sich lediglich um Verbindungen zur Gottes-Verehrung und Heiligung des inneren Lebens handle, dargethan.

Sodann ist aber zu berücksichtigen, dass keine Regel und keine Satzung dem geforderten Gehorsam zu Gunsten der Staatsgesetze eine Schranke auferlegt. Eine solche bilden nicht die Staats-, sondern die Kirchengesetze. Bei einem Widerspruch derselben geht der Gehorsam gegen die Kirchengesetze dem Gehorsam gegen die ersteren unbedenklich vor. Die Mitglieder der Genossenschaften müssen dem Kirchengesetz und dem dasselbe dem Staatsgesetze überordnenden Befehle ihrer Oberen Folge leisten. Die Verfassung ihrer Genossenschaften giebt, wie gezeigt, kein Mittel, einem derartigen Verhalten der Oberen Widerstand zu leisten. Bei Streitigkeiten zwischen Staat und Kirche steht also die Gesammtheit der Mitglieder derartiger Verbindungen den hierarchischen Leitern zur unbedingtesten Disposition, und kann zum Schaden des Staates in jeder zweckmässig erscheinenden Weise verwendet werden.

III. Vorschriften der Satzungen und Konstitutionen über die sonstigen Pflichten der Mitglieder der geistlichen Genossenschaften.

Weder das feierliche noch das auf ewig abgelegte einfache Gelübde hat heute nach bürgerlichem Rechte irgend welche bindende Kraft. Der einzelne ist also in der Lage, ohne dass ihn die Genossenschaft zurückzuhalten befugt wäre, jeder Zeit wieder auszutreten. Ja bei denjenigen Verbindungen, in denen nur einfache Gelübde auf Zeit geleistet werden, ist ein Ausscheiden mit Ablauf der betreffenden Zeitperiode sogar möglich, ohne Verletzung irgend einer Gewissenspflicht. Wird dadurch die vorhin charakterisirte Pflicht des unbedingten Gehorsams nicht wesentlich gemindert? und gilt dies namentlich nicht für die Kongregationen der mit zeitlich beschränkten Gelübden?

Diese letzteren sind im Verhältniss zu den andern nicht zahlreich. Einfache Gelübde, welche wiederholt werden können, werden abgeleistet auf je ein Jahr in den Genossenschaften der armen Schwestern der Barmherzigkeit (aus dem Hause Bethlehem bei Herford), ferner auf 1 Jahr, dann auf 3 oder 5 Jahre von den Cellitinnen, auf 1 Jahr, später aber auch auf länger von den Franziskanessen von Salzkotten, auf 3 Jahre von den barmherzigen Brüdern zu Limburg, den armen Franziskanerinnen von Pirmasenz, den Schwestern der h. Hedwig, den kleinen Mägden Marias und den Schwestern des III. Ordens des h. Franziskus aus dem St. Georgstift zu Thuine, auf 5 Jahre von den Elisabethinerinnen zu Essen; endlich steht der Austritt jeder Zeit frei den Kreuz-Schwestern von Ingebohl und den barmherzigen Schwestern vom Clemens-Hospital.

Ewige Gelübde, welche bei den vota solemnia erfordernden Orden allein denkbar sind, haben dagegen die Kongregationen der Borromäerinnen, der englischen Fräulein, der Schwestern von der Busse und christlichen Liebe, der Schwestern von der Liebe zum guten Hirten, vom armen Kinde Jesu, unserer lieben Frauen zu Coesfeld, der h. Familie zu Eupen, der Congregatio b. Mariae Virginis und der Schulschwestern des III. Ordens des h. Franziskus von Gieboldehausen.

In einzelnen können die Mitglieder nach vorgängiger mehrfacher Ablegung der zeitlichen Gelübde (bei den christlichen Brüdern von Kevelaer auf je ein Jahr, und bei den Sorores caritatis von Hildesheim auf je 3 Jahre und nach 10jährigem Verbleiben in der Kongregation) die Gelübde für immer ableisten.

Als Regel kommt dagegen ein in der Art kombinirtes System vor, dass die Ablegung der Gelübde zunächst auf Zeit geschieht, und später auf ewig erfolgen muss. Bei den Franziskaner-Tertiariern vom Lusberg bei Aachen, den Franziskaner-Tertiariern und Tertiarierinnen von Waldbreitbach, den barmherzigen Brüdern von Limburg, den Celliten und den armen Franziskanerinnen der ewigen Anbetung von Olpe gehen dem ewigen einfache Gelübde auf 5 Jahre voran; bei den Kreuzschwestern einfache Gelübde erst auf 3 und dann auf 5 Jahre, bei den Schulschwestern de Notre Dame solche auf 7 Jahre, bei den Schwestern der christlichen Schulen mehrfach wiederholte auf je 3 Jahre. Bei den Vincentinerinnen von Strassburg müssen die jährlichen einfachen Gelübde vorher 6 Jahre hintereinander, bei den armen Dienstmägden Christi die dreijährigen vorher 3 mal abgelegt sein. Die Schulbrüder endlich werden zur Ablegung der ewigen Gelübde zugelassen, nachdem sie erst Gelübde auf 1 Jahr, dann auf 3 Jahre abgeleistet und die letzteren zweimal erneuert haben.

Was zunächst die Orden betrifft, so ist die civilrechtliche Freiheit des Austrittes dadurch beeinträchtigt, dass ein solcher nach den Vorschriften des katholischen Kirchenrechtes ein kirchliches Verbrechen, die s. g. apostasia a monachatu oder a regula) bildet, welches mit der grossen Exkommunikation und Kerkerstrafe bedroht ist,

Bouix l. c. t. II. p. 506.

Nicht minder kann die Beobachtung der einfachen Gelübde auf die Zeit, für welche sie übernommen worden sind, gleichfalls durch Anwendung kirchlicher Censuren erzwungen werden. Die Möglichkeit und vom kirchlichen Standpunkt aus betrachtet, sogar die Berechtigung zur Ausübung eines nicht zu unterschätzenden Gewissensdruckes liegt demnach vor, und damit ist die Freiheit des Austrittes schon an und für sich praktisch in vielen Fällen illusorisch gemacht.

Einzelne Statuten schreiben ferner sogar eine Einwirkung auf die Mitglieder vor, um sie trotz ihres gegentheiligen Entschlusses zum Verbleiben in der Kongregation zu bestimmen,

vgl. Satzungen der barmherzigen Schwestern v. h. Vincenz v. Paula aus dem Mutterhause zu Paderborn (handschriftlich) No. 22:

„Obschon die Gelübde der Schwestern nur einfach und mit Bedingnissen gethan sind, so sind sie doch eine höchst wichtige und heilige Verbindlichkeit; es soll daher den Schwestern, welche den Stand zu verlassen, anhalten, nicht leicht Gehör gegeben werden. Eine so gesinnte Schwester muss sich an den Herrn General-Oberen wenden, und demselben die wahren Ursachen ihrer Entschliessung vortragen, welcher ihr dagegen liebe- und eifervolle Einwendungen machen und in ihr Verlangen nicht eher einwilligen soll, als wenn sie es zum dritten Male mit allem Ernste wird wiederholt haben."

23: „Hat auch der General-Vorsteher in die Entlassung eingewilliget, so wird er diese Schwester sammt der Vorgesetzten des Ortes noch zu sich berufen, und ihr die letzten Vorstellungen machen."

Die meisten Statuten ordnen allerdings eine solche Erschwerung des ordnungsmässigen Verlassens der Genossenschaften im Wege der Dispensation nicht ausdrücklich an, aber immerhin steht diese letztere, soweit es sich um einfache Gelübde handelt, als Gnadensache rein in dem Belieben des Bischofs oder, sofern sie, wie jetzt immer mehr und mehr üblich wird, dem Papste ausdrücklich in den Konstitutionen reservirt worden, — (vgl. z. B. Konstitutionen der Schulschwestern de Notre Dame) — dem letzteren zu. Es ist also gar keine Garantie dafür gegeben, dass der civilrechtlich vollkommen freistehende Schritt auch von den kirchlichen Organen in der nach dem Kirchen-Recht einzig möglichen Form, d. h. ohne Bedrückung des Gewissens des Einzelnen, unbehindert gestattet wird.

Ganz abgesehen davon aber ist das Leben innerhalb der religiösen Genossenschaften so geordnet, dass nach mehrjährigem Verbleiben in einer solchen bei den einzelnen Mitgliedern kaum noch die erforderliche Selbstständigkeit und Festigkeit des Willens, für die Fassung und Durchführung eines solchen Entschlusses vorhanden sein wird.

Nach dem Vorbilde der Jesuiten-Konstitutionen wird in den meisten Satzungen die Loslösung von den Familien-Banden gefördert und empfohlen. Die barmherzigen Brüder der Diöcese Limburg und von Coblenz sollen Reisen zu ihren Eltern und Angehörigen blos bei Erkrankung oder beim Ableben derselben oder zur Ordnung sehr wichtiger Familien-Angelegenheiten und womöglich nur in Begleitung eines (kontrolirenden) Professbruders unternehmen dürfen. Die Schulbrüder „müssen alle Verbindungen abbrechen, die sie in der Welt gehabt haben mögen, selbst die mit ihren Verwandten und dürfen keine derselben unterhalten.“ (Konstitutionen S. 26).

„Es ist kein gutes Zeichen“ heisst es in den Konstitutionen der Schwestern der Busse und der christlichen Liebe S. 114, „wenn eine Schwester den Wunsch in sich nährt oder äussert, ihre Eltern oder Verwandten zu besuchen; denn bei ihrem Austritte aus der Welt hat sie die Befriedigung solcher Neigungen Gott zum Opfer gebracht. Darum sollen die Schwestern jede Einladung, welche aus natürlicher Liebe von Seite der Familie gemacht wird, ausschlagen“; ja den Novizen wird, „um ihnen volle Freiheit in Betreff ihres Berufes zu lassen,“ gestattet (S. 45. a. a. O.) „zwei oder drei mal im Jahre (!) mit ihren nächsten Verwandten oder mit denen, die deren Stelle vertreten, allein zu sprechen.“

Nach den Konstitutionen der Schwestern v. h. Kreuz (S. 14) muss die Schwester „Sorge tragen sich aller fleischlichen Zuneigung gegen ihre Verwandten zu entkleiden und diese in eine rein geistliche zu verwandeln, indem sie dieselben nunmehr mit derjenigen Zuneigung liebt, welche eine wohlgeordnete christliche Liebe verlangt; damit sie abgestorben von der Welt, und allem was sich auf die Welt bezieht, nur für unsern Herrn lebe, und dass er bei ihr die Stelle von Vater, Mutter, Verwandten und Allem vertrete;“ eine Vorschrift, welche sich im wesentlichen gleichlautend in vielen Satzungen, z. B. der grauen Schwestern von der h. Elisabeth Th. I. Kap. 8. No. 2; der Dienstmägde Christi S. 14; der kleinen Dienstmägde Marias S. 9. 10, findet.

Die Korrespondenz der Mitglieder der Genossenschaften steht ferner unter der Kontrole der Oberen, und zwar in der Weise, dass sie ohne Erlaubniss derselben keine Briefe nach aussen hin absenden können und alle an sie gerichteten Briefe erst in die Hände der Oberen gehen, welche das Recht haben, dieselben zurückzuhalten.

Bei diesen Einrichtungen ist ein regelmässiger, dauernder Verkehr mit den nächsten Anverwandten und der Familie ausgeschlossen, damit aber auch namentlich den Mitgliedern der weiblichen Genossenschaften der naturgemässe Anhalt, welchen sie bei etwaigem Austritt aus der Kongregation haben, für spätere Zeit genommen.

Jede anderweitige, von aussen kommende Anregung, jede auf diese Weise mögliche Störung des Ideenkreises und der geistigen Atmosphäre, welche künstlich innerhalb der Klostermauern erzeugt wird, ist ferner durch die weiteren Bestimmungen der Regeln unmöglich gemacht.

Bei den weiblichen Orden, welche die Strenge der päpstlichen Klausur haben, ist dies von selbst ersichtlich.

Was die Kongregationen betrifft, so wird hier die Klausur zwar nicht so streng gehandhabt, aber es wird doch durch dieselbe immer jede unkontrolirbare Einwirkung von Aussen so viel wie möglich abgehalten. Der Verkehr mit Angehörigen und Fremden ist im Allgemeinen auf das Sprechzimmer beschränkt und mitunter nur hinter dem Sprachgitter gestattet. (Konstitutionen der Kongregation Unserer Lieben Frau von der Liebe des guten Hirten, Satzg. XVII. No. 6: „Es soll in allen Sprechzimmern ein doppeltes Sprachgitter bestehen, wovon das eine von dem andern 6—7 Zoll absteht“). Auch hat der Obere oder die Oberin des Hauses die Erlaubniss zu derartigen Besuchen zu ertheilen und einzelne Konstitutionen (so z. B. die der Schwestern von der Busse, S. 113 und der grauen Schwestern von d. h. Elisabeth, Th. I. Kap. 9. No. 5) gestatten solche nur in dringenden Fällen oder verbieten müssige Besuche. Ueberdies ist vielfach die Anwesenheit eines anderen Mitgliedes der Genossenschaft vorgeschrieben.

Wo es nicht angänglich ist, die Räume, in welchen die Angehörigen der Kongregationen ihre besondern Berufspflichten, wie z. B. die Ertheilung des Unterrichtes und die Pflege der Kranken auszuüben haben, in eine unmittelbare Verbindung mit den Niederlassungen zu setzen, ist allerdings das Verlassen der Klausur zu den gedachten und zu anderen absolut nothwendigen Zwecken erlaubt. Aber überall wird dazu die Erlaubniss des Oberen, resp. der Oberin erfordet (s. z. B. Konstitutionen der Schulbrüder S. 5, der Alexianer S. 77, der barmherzigen Brüder von Coblenz, der Franziskaner-Tertiarier und Tertiarierinnen von Waldbreitbach S. 22, der Englischen Fräulein S. 27, der Borromäerinnen S. 44, der Schwestern von der Busse S. 113, der Schwestern v. h. Kreuz S. 32). Ferner soll in solchen Fällen nach einer Reihe von Konstitutionen (z. B. der Schulbrüder S. 5, der Alexianer S. 77; der Schwestern v. h. Kreuz S. 32) für die Regel ein Begleiter oder eine Begleiterin aus der Zahl der übrigen Brüder oder Schwestern mitgegeben werden. Unnützer Aufenthalt, unnütze Gespräche mit andern Personen, namentlich über Neuigkeiten, sind dabei verboten, ja oft ist auch nach der Rückkehr eine Rechenschaft über den Ausgang an den Oberen oder die Oberin vorgeschrieben

(s. z. B. Konstitutionen der Schwestern der christlichen Schulen, der Vincentinerinnen von Strassburg).

Für die Fälle, wo ein Verkehr mit Fremden absolut nicht zu vermeiden ist, soll jedenfalls nach den ausdrücklichen Anordnungen mancher Satzungen, nichts über die Angelegenheiten der Kongregation, bez. des betreffenden Hauses derselben mitgetheilt werden. (Konstitutionen der Schulbrüder S. 26: „Wenn die Brüder sich mit auswärtigen Personen unterhalten, so müssen sie über Alles, was das Institut betrifft, das tiefste Stillschweigen beobachten, und sich wohl hüten, irgend etwas davon zur Kenntniss der Aussenwelt zu bringen. Sie dürfen nicht sagen, an welchem Ort sich Brüder befinden, selbst wenn sie darum befragt werden, im Falle sie nämlich eine ausweichende Antwort geben können. Sie dürfen diesen Personen nur von dem Geiste des Instituts sprechen und sich über ihn weitläufiger verbreiten, eben so von den äusseren Verrichtungen, denen sich die Brüder widmen und was dabei beobachtet wird. Mehr zu sprechen, ist ihnen nicht erlaubt;“ vgl. ferner Regeln des Instituts Mariä, d. h. der englischen Fräulein S. 27; der Schwestern von der Busse S. 120).

Aber nicht genug mit dieser Absonderung, welche den Einfluss der Kongregations-Oberen und der sonstigen Oberen vor fremden Einwirkungen sichern soll, ist auch die Lektüre unter Kontrole gestellt. Folgt dies schon an und für sich aus der Stellung der Oberen und der den Mitgliedern obliegenden Pflicht des Gehorsams, so wird es doch noch ausdrücklich in einer Reihe von Konstitutionen ausgesprochen. So ist z. B. nach denen der Borromäerinnen S. 49 und der Schulschwestern S. 34. 69 die Lektüre jedes profanen Buches verboten. Die Alexianer-Regel S. 85 bestraft das Lesen eines Buches ohne Erlaubniss mit der s. g. dritten Busse, bestehend (S. 82) „in dreitägigem Fasten bei Wasser und Brod, Verbot des Ausgehens während 3—12 Tagen und dergleichen.“ Ja, die Konstitutionen der Schulbrüder schreiben sogar S. 52 vor:

> „Die Brüder dürfen weder ein lateinisches Buch lesen, noch ein einziges lateinisches Wort aussprechen,*) ausser in einem Falle dringender und unerlässlicher Nothwendigkeit, wie z. B. wenn mit einem Fremden gesprochen werden soll, der wohl lateinisch versteht, aber die Landessprache nicht spricht. Es darf in keinem Hause des Instituts ein Buch geben, dessen Inhalt ganz lateinisch ist, die zum Gottesdienst gehörigen ausgenommen; es darf darin selbst keines geben, welches dazu dient, die lateinische Sprache zu lernen. Wenn Bücher daselbst sind, welche aus dem Lateinischen in die Landessprache übersetzt sind, oder in welchen sich auf der einen Seite der lateinische Text und die Uebersetzung in die Landes-

---

*) Unmittelbar vorher heisst es: „Die Brüder, welche die lateinische Sprache erlernt haben, dürfen von ihrem Eintritte in die Gesellschaft an keinen Gebrauch mehr von ihr machen und müssen thun, als wenn sie ihnen ganz unbekannt wäre. Auch dürfen sie Niemanden Unterricht darin ertheilen, wo es auch immer sein mag, in oder ausser dem Hause.“

sprache auf der andern Seite befindet, so dürfen sie, bei einer Vorlesung ausgenommen, nur von jenen Brüdern gelesen werden, welche 30 Jahre alt sind, und an welchen man keine Vorliebe zur lateinischen Sprache bemerkt; und auch diese dürfen nur das in der Landessprache Geschriebene lesen";

ferner auf dem vor S. 17 in das vorliegende Exemplar eingebundenen, geschriebenen Blatte:

„7. Wenn sie in den Händen eines Schülers Papier oder gedruckte Blätter oder ein anderes Buch, das auf den eben stattfindenden Unterricht keinen Bezug hat, wahrnehmen, so dürfen sie selbe, so lange die Schule dauert, nicht lesen, nur am Ende der Schule dürfen sie nach dem Titel des Buches sehen, und wenn sie glauben, dass es etwas Schädliches enthalte, so müssen sie es dem Bruder Direktor bringen, damit dieser es nachsehe oder nachsehen lasse."

So wird der Einzelne so gut wie hermetisch vor der Berührung mit der Aussenwelt und ihren Interessen bewahrt. Er soll aber ferner, um auch desto sicherer ein blosses Werkzeug in der Hand seiner Oberen zu werden, trotzdem, dass er fortwährend in Gemeinschaft lebt, in derselben stets einsam bleiben und aus dem näheren geistigen Verkehr mit Gleichgesinnten weder geistige Förderung noch grössere geistige Reife noch irgend welche Selbstständigkeit gewinnen dürfen. Zu diesem Behufe ist jeder nähere Verkehr zwischen einzelnen Mitgliedern, nach dem Ausdruck der Konstitutionen, „jede Partikular-Freundschaft", untersagt, (s. z. B. die Satzungen der barmherzigen Brüder vom Lusberg bei Aachen, der barmherzigen Brüder der Diöcese Limburg, der Vincentinerinnen von Paderborn und Strassburg, der Schwestern der christlichen Schulen, unser lieben Frau zu Coesfeld, der Borromäerinnen S. 19. 23; der Schulschwestern de Notre Dame S. 34; der Schwestern von der Busse S. 110*). Demselben Zwecke dient das fast für alle Kongregationen sich wiederholende Gebot des Stillschweigens (Schulbrüder S. 10. 24. 39. 40, Alexianer S. 77, barmherzige Brüder vom Lusberg, der Diöcese Limburg, von Coblenz, graue Schwestern v. d. h. Elisabeth, Schwestern vom guten Hirten, der christlichen Schulen, der Borromäerinnen S. 19, der englischen Fräulein S. 39, der Schwestern von der Busse S. 68, der Schwestern de Notre Dame S. 75, der armen Dienstmägde Christi S. 8, der kleinen Mägde Marias), welches nur für nothwendige Mittheilungen und für eine auf etwa höchstens 2 Stunden täglich zugemessene Rekreationszeit, während der letzteren überdies auch nur durch erbauliche Gespräche, unterbrochen werden darf.

---

*) Hier auch die übliche Rechtfertigung des Verbotes: „Jede besondere, geheime Vertraulichkeit, jede Partikularfreundschaft mit einzelnen Schwestern, jede auffallende Vorliebe muss mit grosser Sorgfalt vermieden werden, weil dadurch die herzliche Liebe, welche alle Schwestern vereinigen soll, zerstört würde. Jede Oberin ist verpflichtet, über diesen Punkt zu wachen und durch geeignete Mittel die Freundschaften auszurotten." Nach den Regeln der Alexianer S. 84 wird „11. Mit einem Bruder besondere Freundschaft unterhalten" mit der zweiten Busse, d. h. S. 82: „Abbetung von 5 Vaterunser und Abbitte" bestraft.

Die bisher charakterisirte Seite des Systems findet ihre Ergänzung in den Einrichtungen, welche dazu bestimmt sind, die Thätigkeit und das äussere und innere Leben des einzelnen Mitgliedes den Kongregations- und geistlichen Oberen so viel wie möglich offen zu legen, damit diese desto vollkommener ihre Herrschaft über die Untergebenen ausüben können.

Hierher gehört einmal die regelmässig vorgeschriebene einmalige wöchentliche und die jährliche Generalbeichte, zu welcher noch eine weitere viermal im Jahre bei einem ausserordentlichen Beichtvater hinzutritt.

Sodann das s. g. Schuld- oder auch Anklage-Kapitel. Die Bedeutung derselben erhellt aus folgender anschaulichen Schilderung der Satzungen der barmherzigen Brüder von Limburg (handschriftlich) Kap. 19:

„Das Kapitel soll jede Woche einmal gehalten werden und alle auch in der auswärtigen Krankenpflege befindlichen Mitbrüder sind strenge verpflichtet dabei zu erscheinen, es sei denn, dass gerade der Kranke, den einer pflegt, im Sterben läge.

Der Obere eröffnet das Kapitel durch Anstimmung des Liedes oder Gebetes: „Komm heiliger Geist“, worauf er einen Theil der heiligen Regel verlesen lässt. Dann tritt ein Bruder nach dem andern vor den Obern und in die Mitte der Brüder hin, fällt auf die Kniee, bezeichnet sich mit dem Zeichen des h. Kreuzes, küsst sein Kreuz und spricht: „Ich begehre Verzeihung.“ Der Obere soll antworten: „Stehen Sie auf, Bruder!“ Alsdann soll der Bruder alle öffentlichen Fehler bekennen, besonders die Uebertretungen der h. Regel und Satzungen und das, wodurch er den Brüdern Aergerniss gegeben hat. Nach dem Bekenntniss soll er wieder auf die Kniee niederfallen und den ganzen Konvent bitten, dass sie, sofern sie sonst etwas an ihm wahrgenommen, dieses ihm aus Liebe anzeigen mögen, der sich gerne bessern wolle. Darnach soll der Obere nach seinem Ermessen entweder jedem Einzelnen nach seinem Bekenntniss oder allen am Schlusse eine gemeinsame Busse auferlegen und je nach Gutbefinden entweder eine allgemeine oder für Einzelne besondere Mahnung folgen lassen.

Die aufzuerlegende Busse kann bestehen: 1. im Beten eines oder mehrerer Busspsalmen, 2. im Knieen beim Essen, 3. im wiederholten Bekenntniss seiner Schuld bei den Brüdern, 4. in der Selbstgeisselung u. s. w.“

Bei den meisten Kongregationen (den armen Brüdern v. Lusberg, den Schwestern von der Busse S. 58, vom h. Kreuz S. 35, den Borromäerinnen S. 10, den kleinen Mägden Marias S. 26, den Schulschwestern von Notre Dame S. 74, den Cellitinnen S. 22, den Schwestern vom guten Hirten, den Vincentinerinnen von Strassburg) werden diese Kapitel jede Woche gehalten; bei einzelnen, (den Alexianern S. 81, den Schwestern U. L. F. von Coesfeld) ebenso wie bei den Salesianerinnen monatlich, bei den grauen Schwestern v. d. h. Elisabeth alle Vierteljahr. Dagegen findet bei den Schulbrüdern S. 8 die Ablegung eines solchen Schuldbekenntnisses täglich statt, und bei den Schwestern von der Busse

S. 58 kann die Oberin „verlangen, dass diese ausser dem Kapitel sich über äusserliche Fehler“ (auch sonst) „öffentlich anklagen.“

Ueber die Bussen, welche die Oberen aufzulegen berechtigt sind, schweigen die meisten Satzungen. Im Allgemeinen sind es die in den schon mitgetheilten Stellen der Konstitutionen der barmherzigen Brüder von Limburg und der Alexianer aufgeführten. Dazu treten noch folgende demüthigenden Bussen:

1. das Küssen der Erde oder des Bodens, vorgeschrieben bei den Brüdern vom Lusberg für Zuspätkommen bei den gemeinschaftlichen Uebungen, bei den Schwestern v. d. Busse S. 116 für Zuspätkommen im Refektorium, bei den Schwestern vom guten Hirten für Fehler beim Absingen des Officiums, für Beleidigungen einer andern Schwester und nach der Rüge einer Schwester durch die Oberin (Satzung III No. 5, XIX No. 6; XXVII No. 2),
2. das Küssen der Füsse einer Mitschwester für Beleidigung derselben (Konstitutionen der Schwestern von der Busse S. 111) nach vorgängiger Abbitte auf den Knieen,
3. das vom Boden Essen bei der gemeinschaftlichen Mahlzeit für Verletzungen der Pflichten des Gehorsams und der Ehrfurcht vor der Oberin, a. a. O. S. 56,
4. Gebet mit ausgestreckten Armen als Verschärfung der Busse zu 1, a. a. O. S. 116.

Ermöglicht das s. g. Schuldkapitel eine genaue Ueberwachung der äusseren Beobachtung der Regeln und die fortwährende Anwendung von Bussmitteln, um die Innehaltung der Konstitutionen zu erzwingen, so hat die s. g. Gewissens-Rechenschaft, welche bei vielen Kongregationen nach dem Vorbilde des Jesuiten-Ordens*) eingeführt ist, den Zweck, auch das Innere, das Denken und Fühlen der Untergebenen vor ihren Oberen bloss zu legen und damit den letzteren ein unfehlbares Mittel zur geistigen Beherrschung in die Hand zu geben. Ueber das Wesen dieser Einrichtung mögen die Konstitutionen selbst sprechen. In den Satzungen der Schwestern v. h. Kreuz, welche am ausführlichsten darüber handeln, heisst es (S. 45):

„1. Alle sollen es wohl begreifen, von welcher Wichtigkeit zu ihrem grösseren Trost und geistlichen Fortgang es ist, zuweilen den Oberen von ihrem Gewissen Rechenschaft zu geben, damit ihnen mit mehr Fleiss, Liebe und Sorgfalt geholfen werden könne, und damit sie vor Versuchungen, Gefahren und Täuschungen bewahrt werden. Nicht bloss ihre Fehler, sondern auch ihre Tugenden, Bussübungen, Abtödtungen, Andachtsübungen sollen sie bekannt machen, immer mit einem reinen Willen wünschend, von den Oberen geleitet zu werden, wenn sie auf irgend welche Weise von der rechten Bahn abwichen, indem sie nicht ihren eigenen Empfin-

---

*) Examen generale c. 4. § 34; Constitution. P. III. c. 1. § 12; P. IV. c. 10. § 5; P. VI. c. 1. § 2. (l. c. T. I. p. 271. 312. 348. 376), Summarium constit. § 41 (l. c. p. 503).

dungen folgen wollen, wenn dieselben nicht mit dem Urtheile derer, welche die Stelle unseres Herrn bei ihnen vertreten, übereinstimmen.

2. Die Hauptpunkte, von welchen Rechenschaft des Gewissens abgelegt werden kann, werden ungefähr die unten folgenden sein. Haben sie über diese gesagt, was sie für nöthig hielten, um sich ganz zu erkennen zu geben, so mögen sie die Oberen bitten, ihnen durch Fragen behilflich zu sein und zu ergänzen, wenn sie urtheilen, dass es noch etwas Anderes gibt, welches zu erkennen zur grössern Ehre Gottes und ihrem geistlichen Fortschreiten nützlich wäre.

a) Ob sie in ihrem Berufe zufrieden lebt,

b) Wie es ihr mit dem Gehorsam auch in Bezug auf das Urtheil und den Willen, mit der Armuth, mit der Keuschheit und mit der Uebung der anderen Tugenden geht, und welcher sie sich vorzüglich befleissiget,

c) Ob sie Unruhen des Geistes oder beschwerliche Versuchungen erleidet, ob es ihr leicht oder schwer ist, und in welcher Weise sie ihnen zu widerstehen sucht, welche Lieblingswünsche sie hat und zu welchen Fehlern sie sich geneigt und hingezogen fühlt,

d) Ob man gegen die Regel, die Constitutionen oder Anordnungen der Oberen geurtheilt oder gesprochen hat,

e) Was sie über die Kongregation denkt, und über die Mittel, deren sie sich zur Erreichung ihres Zieles bedient, und welchen Eifer sie in sich selbst für das Heil der Seelen wahrnimmt,

f) Wie sie für die geistlichen Sachen gestimmt ist. Wie sie sich im innerlichen und mündlichen Gebete findet; ob sie im Gebrauche geistlicher Dinge Trost oder Andacht verspürt oder im Gegentheil innere Trostlosigkeiten, Trockenheit, Dürre, Zerstreuungen, und wie sie sich darin benimmt; welche Früchte sie aus der Communion, Beichte, Gewissenserforschung, vorzüglich der besondern, und aus den andern geistlichen Uebungen zieht,

g) Ob sie, seitdem sie zum letzten Male von ihrem Innern Rechenschaft ablegte, mehr oder weniger Fortschritte gemacht hat, und welchen Muth sie in sich selbst zur Erlangung der Vollkommenheit wahrnimmt,

h) Wie sie das beobachtet, was in der Regel, in den allgemeinen Constitutionen und denen ihres Amtes sie angeht,

i) Von den Abtödtungen, Bussen und den andern Uebungen, welche zum geistlichen Fortschreiten beitragen, und insbesondere, ob sie bereit ist, Beleidigungen, Demüthigungen und das Uebrige zu ertragen, was zum Kreuze unseres Herrn gehört, und ob sie Verlangen trägt, diese zu erdulden,

k) Von den Schwestern, ob sie den Umgang mit ihnen benutzt, und ob sie mit einer vertraulicher ist, als mit den andern,

l) Ob sie gegen irgend eine unter ihnen Abneigung verspürt, ob sie sich in irgend etwas durch die Obern oder die, welche ein Amt haben oder jede andere Person beleidigt fühlt, und wie sie sich gegen die Obern gestimmt findet.

m) Ob sie Versuchungen besonders in Beziehung auf den Beruf gehabt hat, welche andere erkennen konnten.“ *)

---

*) Die No. 2 ist eine fast wörtliche Uebersetzung der für die Jesuiten bestimmten instructio ad reddendam conscientiae rationem juxta morem societatis (l. c. T. I. p. 575).

Wenn auch die Pflicht zur Ablegung der Gewissensrechenschaft überhaupt und ihre Wiederholung in bestimmten Zwischenräumen nur nach einzelnen Konstitutionen obligatorisch ist (so allwöchentlich bei den Schulbrüdern, allmonatlich bei den armen Brüdern vom Lusberg), so wird sie doch in vielen andern Satzungen (z. B. der englischen Fräulein a. a. O. S. 43, der Vincentinerinnen von Paderborn, der grauen Schwestern v. d. h. Elisabeth und der Schulschwestern de Notre Dame) eindringlich genug gefordert. Ferner besteht thatsächlich gegenüber solchen Vorschriften, wie sie die Satzungen der barmherzigen Brüder von Limburg und von Coblenz enthalten, „dass wenn auch kein Bruder dazu verpflichtet werden kann, er sich doch wenigstens in jedem Monat einmal dem Oberen vorstellen und dessen Ermahnungen und Belehrungen anhören“ soll, keine Möglichkeit, die Ablegung der Rechenschaft auf die Dauer zu verweigern.

Abgesehen davon, dass der Einzelne von den Einwirkungen der Aussenwelt und dem Verkehr mit derselben so gut wie abgeschlossen und ferner der Leitung der Oberen völlig anheimgegeben ist, besitzt er auch nach den weiteren, für sein Leben massgebenden Normen nicht einmal die Freiheit zu einer seiner Individualität entsprechenden geistigen Thätigkeit. Soweit nicht etwa die Erfüllung des praktischen Zweckes, welchen die Kongregation verfolgt, für die jeweilig zur Ausübung des besonderen Berufes deputirten Mitglieder eine Aenderung bedingt, bewegt sich das Leben in minutiös bis auf die Viertelstunden geregelten Beschäftigungen. Diese bestehen in fortwährenden Gebets-, Andachts- und ähnlichen Uebungen, sowie in der Beiwohnung des Gottesdienstes. Täglich soll die Messe gehört, das Abendmahl nach einzelnen Konstitutionen mindestens an allen Sonn- und Festtagen (so bei den Alexianern, den Schwestern des h. Kreuzes, Borromäerinnen, Schulschwestern de Notre Dame) nach andern ausser an diesen Tagen noch einmal in der Woche (bei den Schulbrüdern, den barmherzigen Brüdern, den armen Dienstmägden Christi, den Schwestern der h. Hedwig und den Schwestern von der Liebe des guten Hirten), oder auch wohl noch zweimal wöchentlich (so bei den barmherzigen Brüdern von Limburg, den Schwestern von der Busse), genommen,*) täglich sollen die vorgeschriebenen Gebete und das vorgeschriebene Offizium verrichtet werden. Ferner hat jeder — abgesehen von der bei den Mahlzeiten stattfindenden täglichen s. g. geistlichen Lesung, d. h. dem Vorlesen von Abschnitten der Regeln oder Konstitutionen, bez. von Abschnitten aus bestimmten geistlichen Büchern, namentlich auch Heiligen-Legenden — vielfach allein für sich eine solche geistliche Lesung zu halten (z. B. nach den Konstitutionen der Schulbrüder, der Brüder von Coblenz, der Schulschwestern von Notre Dame); in einzelnen Genossenschaften in Gemeinschaft mit den

*) Die Schwestern U. L. Frauen von Coesfeld dürfen sogar 4 Mal wöchentlich kommuniciren.

andern (Schwestern von der Busse, Dienstmägde Christi) und ausserdem (wenn angänglich) auch allein das Altarssakrament zu besuchen und davor zu beten. Endlich ist auch jeden Tag und zwar gewöhnlich zweimal s. g. Gewissenserforschung, die partikulare und die allgemeine, zu halten, die erstere über bestimmte einzelne Fehler, die letztere über alle, welche man während des Tages begangen hat.

Zur Veranschaulichung des Bemerkten mögen hier noch nachfolgende Tages-Ordnungen ihre Stelle finden:

1. Die der Alexianer (a. a. O. S. 68):

„Gegen 4 Uhr Morgens Aufstehen.
- $4^3/_4$ - Gemeinschaftliches Morgengebet in der Kirche und Tagzeiten vom h. Kreuz bis zur Non einschliesslich.
- $5^1/_2$ - Heilige Messe.
- 6 - Frühstück, während dessen geistliche Lesung.
- $6^1/_2$ - Häusliche Beschäftigung.
- $10^3/_4$ - Gewissenserforschung.
- 11 - Häusliche Beschäftigung (Mittagsessen der Pflegebefohlenen).
- 12 - Mittagsessen der Brüder, während desselben geistliche Lesung; nach demselben begiebt sich die Gemeinde unter Abbetung des Psalmes Miserere in die Kirche zu einem kurzen Besuche des hochwürdigsten Gutes.
- 1 - Erholung; auch kann jeder mit Erlaubniss des Oberen Mittagsruhe halten.
- 2 - Besuch des hochwürdigsten Gutes und Abbetung der sieben Busspsalmen (so die Zeit es gestattet, diese freiwilligen Gebete zu verrichten).
- $2^1/_2$ - Häusliche Beschäftigung.
- $5^1/_2$ - Tagzeiten v. h. Kreuze (Vesper und Complet) nebst Rosenkranz und Litanei vom süssen Namen Jesu.
- 6 - Häusliche Beschäftigung.
- 7 - Abendessen unter geistlicher Lesung, darauf Besuch des Allerheiligsten wie am Mittage.
- $7^1/_2$ - Gemeinschaftliche Erholung.
- $8^1/_2$ - Gemeinschaftliches Abendgebet in der Kapelle, Gewissenserforschung und Vorbereitung auf die Morgenbetrachtung.
- 9 - Begeben sich Alle zur Ruhe.“

2. Der grauen Schwestern v. d. h. Elisabeth, Kap. 27 (handschriftlich):

„A. Vormittags.

Um 5 Uhr Aufstehen, Ankleiden, darauf Morgengebet, Betrachtung und Horen.
- $6^1/_2$ - H. Messe.

Um 7 Uhr Frühstück.
$7\frac{1}{2}$ - Besorgung der Krankenpflege und häusliche Verrichtungen.
11 - Geistliche Kommunion und Gewissenserforschung (Examen particulare).
$11\frac{1}{4}$ - Mittagessen für die Schwestern, darauf Altarsbesuchung.
12 - Speisung der Kranken und Armen, häusliche Arbeiten.

B. Nachmittags.

Um $12\frac{1}{2}$ Uhr Rekreation.
$1\frac{1}{2}$ - Geistliche Lesung.
2 - Vesper und Complet.
$2\frac{1}{2}$ - Schweigestunde, verbunden mit häuslichen Arbeiten.
5 - Matutin und Laudes.
6 - Abendbrot, darauf Altarsbesuchung.
$6\frac{3}{4}$ - Rekreation.
$8\frac{1}{4}$ - Lesung der Heiligenlegende.
$8\frac{1}{2}$ - Litanei zur Mutter Gottes und Gewissenserforschung.
$8\frac{3}{4}$ - Abendgebet und Lesung der Punkte für die morgige Betrachtung.
$9\frac{1}{2}$ - Ruhe im Herrn."

Ausser diesen vorgeschriebenen Andachts- und Gebetsübungen werden den Mitgliedern zur Bekämpfung verderblicher Neigungen und Leidenschaften, d. h. also aller, welche mit den an sie gemachten Anforderungen nicht im Einklang stehen, in den meisten Satzungen noch besondere Abtödtungen, also freiwillige Uebernahme von Fasten, anderen Busswerken und Kasteiungen empfohlen, wobei sie jedoch — was wieder charakteristisch genug ist — an die Genehmigung der Vorgesetzten gebunden sind. Ja einzelne Konstitutionen, so die der Brüder vom Lusberg bei Aachen, der Schwestern vom guten Hirten, der Schwestern von der Busse, der Franziskaner-Tertiarier und Tertiarierinnen von Waldbreitbach, kennen die s. g. Disciplin, die Geisselung, als eine regelmässig wöchentlich ein oder mehrere Male vorzunehmende Kasteiung.

Die Wirkung, welche ein derartig geregeltes Leben auf die Einzelnen äussert, wird zwar nach der Natur und Individualität derselben eine verschiedene sein, aber sie kann im Resultate immer nur dazu führen, den Einzelnen fester an die Kongregation zu ketten und ihn zum gefügigen Werkzeuge seiner Oberen zu machen. Naturen von geringer Selbstständigkeit und geringer Energie werden sich nicht schwer an die eintönige Lebensweise gewöhnen und die von ihnen verlangten Verrichtungen mehr mechanisch ausführen, in der Ueberzeugung, damit besonders verdienstvolle Werke vorzunehmen und sich besondere kirchliche Gnaden zu erwerben. Individuen ernsterer religiöser Anlage, welche eine überschwengliche Vorstellung von der Heiligkeit und Verdienstlichkeit des mönchischen und ascetischen Lebens haben, ordnen sich dagegen den Zwecken der Kongregation und der Leitung der Oberen um so gewisser und leichter unter, als sie darin nur die praktische Verwirklichung ihres Lebens-Ideals finden können.

In Betreff derjenigen endlich, welche Zweifel an ihrer Befähigung zu dem Berufe oder an der Richtigkeit der katholisch-kirchlichen Auffassung desselben hegen, geben die geschilderten Einrichtungen den Oberen genügende Mittel an die Hand, solche Regungen in ihrem Entstehen zu unterdrücken. Daher kommt es erfahrungsmässig äusserst selten vor, dass die Opposition gegen das Leben in der Kongregation bei einzelnen Individuen zu einer ihre Ausschliessung bedingenden Auflehnung gegen die hergebrachte Ordnung führt, ja dass die Gelübde in den Genossenschaften, in welchen sie nur auf eine bestimmte Zeitperiode abgelegt werden, nach dem Ablauf derselben nicht wiederholt werden.

Uebrigens darf auch nicht unbeachtet bleiben, dass in vielen Kongregationen nach dem Vorbilde des Jesuiten-Ordens von Zeit zu Zeit, und zwar gewöhnlich 8 Tage lang (bei den Alexianern, den armen Brüdern vom Lusberg, von Coblenz und von Limburg, den Borromäerinnen, den Schwestern von der Busse, den grauen Schwestern von der h. Elisabeth, den Schwestern der h. Hedwig, von der Liebe des guten Hirten, den Schulschwestern de Notre Dame, den armen Dienstmägden Christi und den kleinen Mägden Marias) von den Mitgliedern s. g. geistliche Exercitien unter Leitung eines geistlichen Dirigenten gehalten werden müssen. Sie bestehen in einer methodisch geleiteten Meditation über die verschiedenen Gegenstände der kirchlichen Lehre und christlichen Heiligung und sind so eingerichtet, dass sie den Betrachtenden durch alle möglichen Stufen des Gefühles führen, alle Seiten der Empfindungen anschlagen und unter Erregung der Phantasie die wirkliche Frömmigkeit, wie den schwärmerischsten Fanatismus in Bewegung setzen, um schliesslich den Meditirenden willenlos, aber anscheinend freiwillig zu der Unterwerfung unter die Autorität der Kirche und der Oberen zu führen oder eine solche Unterwerfung zu befestigen.

Dass die Exercitien den Zweck haben, den Einzelnen nur noch fester an die Kongregation zu knüpfen und ihn zu einem immer brauchbarerern Werkzeug für die Oberen zu machen, liegt auf der Hand. Und diese Tendenz tritt bei einzelnen Kongregationen namentlich dadurch deutlich hervor, dass die vielfach übliche wiederkehrende Erneuerung der Gelübde gerade nach den Exercitien, also noch unter dem unmittelbaren und ungeschwächten Eindruck derselben vorgenommen werden soll (Satzungen der armen Brüder von Coblenz, der Schwestern von der Busse, der Borromäerinnen, der Schulschwestern de Notre Dame).

Es ist ersichtlich — worauf hier am Schlusse dieses Abschnittes noch hinzuweisen ist — dass die Einwirkung der Oberen auf die Mitglieder um so grösser sein muss, je unerfahrener, also je jünger dieselben in die Genossenschaften eintreten. Ueber das zur Aufnahme erforderliche Alter enthalten nur die wenigsten Satzungen besondere Vorschriften, und sofern solche vorkommen, normiren sie bald das Alter für den Postulat, bald für den Noviziat, bald für die Profession. Für den ersteren, also die vorläufige probeweise Aufnahme, setzen die Konstitutionen der Mägde Marias das 14., die der Schulschwestern de Notre Dame das 16. und die der Schwestern der Busse das 18. Jahr fest. Die Satzungen der Schwestern vom h. Kreuz verlangen, dass die Novizen 17 Jahr alt sind, so dass also, da hier der Postulat der Regel nach drei Monate dauert, die Aufnahme nach dem 16. Jahre erfolgen kann. Nach den Konstitutionen der Franziskaner-Tertiarierinnen ist zur Professleistuug das vollendete 18. Lebensjahr erforderlich und nach den Satzungen der Schwestern vom guten Hirten darf die Profess erst nach zurückgelegtem 17. Lebensjahr erfolgen; mit Rücksicht darauf, dass die Dauer des Postulates bei ihnen einige Wochen, die des Noviziates aber 2 Jahre beträgt, liegt die Möglickeit vor, Postulantinnen schon in einem Alter von 14 bis 15 Jahren anzunehmen.

Während die Gültigkeit der Professleistung in einem Orden im eigentlichen Sinne durch die Vollendung des 16. Jahres bedingt ist, giebt Schuppe a. a. O. S. 120 als subsidiäre, mangels besonderer statutarischer Bestimmung, eintretende Regel an, dass der Eintritt in eine Frauen-Kongregation nicht unter 12 Jahren erfolgen darf, wohl mit Rücksicht auf die Vorschrift des Conc. Trident. Sess. XXV. c. 7 de regul., dass Mädchen, welche das 12. Jahr zurückgelegt haben, nach bischöflicher Prüfung in einen Orden aufgenommen werden können.

Die Möglichkeit, dass Personen in einem Alter, in welchem sie nicht die nöthige Reife zur Beurtheilung der Folgen eines solchen Schrittes besitzen, in die religiösen Genossenschaften eintreten, liegt nach dem eben Angeführten vor. Ob dies wirklich geschieht, darüber fehlt es an genauen statistischen Ermittelungen, nach den Angaben v. Schultes, die neueren katholischen Orden und Kongregationen, Berlin 1872. S. 53, ist über die Hälfte der in die Frauen-Kongregationen eintretenden Personen, zum Theil sogar beinahe $^2/_3$ derselben über 24 Jahr alt. Immerhin besteht also beinahe die Hälfte oder mindestens ein nicht ganz unbeträchtlicher Theil aus einem in der Hand der Oberen besonders bildungsfähigen und biegsamen Material.

IV. Die vermögensrechtliche Stellung der Mitglieder der Kongregationen.

Die allgemeine Bedeutung des in den Kongregationen abzulegenden Gelübdes der Armuth ist bereits oben (S. 4 u. 8) angegeben.

Hier handelt es sich noch um eine nähere Darlegung seiner Wirkungen. Hinsichtlich des Einflusses des Gelübdes auf das einer Person bei ihrem

Eintritt in eine Genossenschaft zustehende Vermögen kommt es darauf an, ob in der betreffenden Kongregation die Bestellung einer Mitgift behufs der Aufnahme verlangt wird oder nicht. Denn die Rechte an einer solchen sind andere als an dem übrigen Vermögen der aufgenommenen Mitglieder.

Die Mitgift, welche selten bei dem Eintritt in männliche Genossenschaften (indessen z. B. bei den armen Brüdern vom Lusberg), vielfach bei dem Eintritt in die Frauen-Kongregationen gefordert wird (z. B. bei den Cellitinnen, den Schwestern von der göttlichen Vorsehung zu St. Mauritz, den armen Dienstmägden Christi, den Elisabethinerinnen zu Essen, den Schwestern von der Busse, den Schwestern v. h. Kreuz, den Schwestern Unserer lieben Frauen von Coesfeld und den Franziskaner-Tertiarierinnen zu Waldbreitbach), Armen aber erlassen werden kann, besteht abgesehen von den zum nothwendigen persönlichen Bedarf bestimmten Mobilien aus einer durch besonderen Aufnahme-Vertrag vereinbarten oder auch ein für alle Mal statutarisch festgesetzten Geldsumme (100 Thlr. bei den Schwestern der göttlichen Vorsehung, 300 Thlr. bei den armen Dienstmägden Christi, 50 Thlr. bei den Elisabethinerinnen von Essen und Franziskaner-Tertiarierinnen von Waldbreitbach). Die Mitgift fällt mit der Ableistung der Profession an die Genossenschaft, da sie für die Kosten der Ausbildung während des Noviziates bestimmt ist und einen Beitrag für den Unterhalt der eintretenden Person gewähren soll. Während sie beim Austritt vor der definitiven Ableistung der Gelübde der Natur der Sache nach, sowie nach ausdrücklicher Bestimmung einzelner Konstitutionen (der armen Dienstmägde Christi, der Franziskaner-Tertiarierinnen, der Schwestern unserer lieben Frau zu Coesfeld), unter Abzug eines verhältnissmässigen Betrages für die genossene Sustentation zurückgezahlt wird, ist nach der Professleistung jedes Recht der aufgenommenen Person an derselben erloschen. Bei einem späteren Ausscheiden sei es wegen Nichterneuerung der Gelübde, sei es in Folge von Dispensation, sei es zufolge der Entlassung, braucht dieselbe der kirchlichen Anschauung nach nicht zurückgewährt werden,

vgl. Schuppe a. a. O. S. 126,

obwohl mitunter nach den Bedingungen der Aufnahme-Verträge oder nach den statutarischen Vorschriften durch Entscheidung des Oberen unter Konkurrenz seiner Assistenten die Restitution eines angemessenen Betrages aus Billigkeitsrücksichten angeordnet werden kann.

Das etwaige sonstige Vermögen, welches der Professe, resp. die Professin besitzt, geht mit Rücksicht darauf, dass das einfache Gelübde der Armuth nach dem kirchlichen Rechte nicht die Vermögensunfähigkeit herbeiführt, an und für sich nicht auf die Kongregation über. Eben dasselbe gilt von demjenigen, welches nach der Ableistung der Gelübde erworben wird. Wohl aber hört das Recht des Eigenthümers zur Verwaltung und Nutzung auf, und es ist eine Verfügung nur mit Einwilligung der Oberen, abgesehen von der letztwilligen Disposition, welche, wie auch ausdrücklich in einzelnen Konstitutionen anerkannt ist (so in denen der Alexianer, der grauen Schwestern von der h. Elisabeth) freibleibt, gestattet. Sofern also nicht zu Gunsten anderer Personen bei dem Eintritt in die Genossenschaft, bez. bei späterem Erwerbe über dasselbe disponirt ist, fallen die Einkünfte der Verfügung der Oberen, welche dieselben zum Besten der Genossenschaft zu verwenden haben, anheim. Während in einzelnen Kongregationen eine ausdrücklich die Rechte der Oberen, resp. der Genossenschaft konstituirende Cession verlangt wird (z. B. bei den Alexianern, bei den armen Dienstmägden Christi, den Schul-Schwestern von Notre Dame, welche die zeitlichen Gelübde abgelegt haben), wird mitunter auch (so von den eben genannten Schwestern, sofern sie die dauernden Gelübde leisten), der Verzicht auf das Eigenthum in einem gerichtlichen Akte unter Vorbehalt einer Pension für den Fall des Ausscheidens gefordert.

Bei dem Ausscheiden eines Mitgliedes wird zwar nach allgemeinen Rechts-Grundsätzen, welche auch ausdrücklich in den meisten Konstitutionen wiederholt sind, das blos der Verwaltung und Verwendung der Genossenschaft, resp. den Oberen derselben anheimgefallene Vermögen zurückgegeben, aber nur die Substanz desselben, soweit es nicht durch Zufall verringert oder verloren ist. Von einer Restitution der Zinsen ist ebensowenig wie wenigstens der kirchlichen Anschauung nach

vgl. Schuppe a. a. O. S. 129.

von Rechnungslegung die Rede. Da, wo das Eigenthum definitiv abgetreten worden ist, kann dieses nicht zurückgefordert werden, vielmehr bleibt nur der etwa stipulirte Anspruch auf eine Pension oder Leibrente übrig.*)

Für die Regel gewinnt also die Genossenschaft die Zinsen des eingebrachten Vermögens. Diese als Aequivalent für die gewährte Sustentation anzusehen, ist deshalb irrig, weil viele der Genossenschaften praktische Zwecke verfolgen und das, was für die Erfüllung derselben durch die Mitglieder, d. h. für die Dienstleistungen der letzteren, gezahlt wird, nicht an diese, vielmehr an die Genossenschaft fällt. Die Mitglieder werden also nicht blos durch diese unterhalten, sondern verdienen vielfach auch den Unterhalt derselben.

---

*) Als Belag für das im Text Bemerkte mögen hier Platz finden die Statuten der Kongregation der h. Hedwig (handschriftlich) Th. I. Kap. 7.: „§ 1. Durch das Gelübde der Armuth entsagen die Schwestern dem Rechte, Etwas zum eigenen Gebrauche zu besitzen. Alles, was die einzelnen Schwestern im Gebrauch haben, gehört dem Vereine an und darf keine Schwester ohne Erlaubniss der Oberin etwas besonderes für sich haben. § 2. Die Schwestern können erben und erwerben, auch über ihr Vermögen bestimmen; sterben sie ohne Hinterlassung eines Testaments, so fällt ihr Vermögen ihren gesetzlichen Erben zu. § 3. . . . So lange sie Mitglied der Gesellschaft ist, darf sie nicht willkührlich unter Lebenden über ihr Vermögen verfügen, die Verwaltung steht nur den Oberen des Vereins zu, der Fruchtgenuss aber diesem selbst zu, so dass derselbe, wenn die Schwester austritt, nur zur Herausgabe des anvertrauten Vermögens, sofern dasselbe nicht durch Zufälle verringert oder verloren ist, nicht aber zur Erstat-

Die Folgen, welche die eben geschilderte vermögensrechtliche Stellung der Mitglieder der Kongregation hat, lassen sich dahin zusammenfassen:

1. Im allgemeinen wird durch die Theorie des einfachen Armuthsgelübdes eine Aufhebung der Handlungsfähigkeit auf vermögensrechtlichem Gebiete herbeigeführt. Die Mitglieder stehen, weil sie ohne Konsens der geistlichen Oberen über Nichts verfügen dürfen, den bevormundeten Personen gleich, aber insofern schlechter, als die Einkünfte ihres Vermögens nicht für sie verwendet oder aufgesammelt werden, sondern der Genossenschaft anheimfallen.

2. Wird der statthafte Austritt von unbemittelten Personen aus einer Kongregation dadurch erschwert, dass diese sich plötzlich aller Subsistenzmittel beraubt sehen und die Gefahr des Suchens und Ergreifens eines neuen Erwerbszweiges auf sich nehmen müssen, so wird andererseits denjenigen, welche vermögend waren, der Vortheil einer gesicherten Existenz durch die näher charakterisirte vermögensrechtliche Entmündigung gleichfalls entzogen oder geschmälert, also auf diese Weise ein weiteres künstliches Band hergestellt, das sie fester an die Kongregation knüpft. Haben sie ihr Vermögen bei der Professleistung nicht an die Genossenschaft, sondern an Dritte abgegeben, so kann auch, wenn sie sich den Widerruf für den Fall ihres Austrittes vorbehalten haben, die Wiedererlangung ihrer früheren Zuwendung z. B. (wegen Weigerung, schlechter Wirthschaft, gestörter ökonomischer Verhältnisse der bedachten Person) vielfach Schwierigkeiten und Weiterungen veranlassen und den Entschluss des Austrittes wankend machen. Wenn aber das Vermögen der Kongregation übergeben worden ist, so erhält es der Austretende im günstigsten Falle nur in seinem früheren Zustande zurück, ohne dass er Gelegenheit zur Vermehrung desselben während der Zeitdauer seines Lebens in der Genossenschaft gehabt hat, wogegen er andererseits jede Schmälerung durch Zufall oder durch eigene Verwendung mit Konsens der Oberen, z. B. zu frommen Zwecken, gegen sich gelten lassen muss, ja im ersteren Falle nicht einmal Rechnungslegung verlangen kann. Jedem, welcher nicht ein erhebliches Vermögen in die Genossenschaft gebracht, ist damit die Möglichkeit einer ausreichenden ökonomischen Basis ausserhalb der Kongregation für später entzogen.

3. Wie die von der heutigen kirchenrechtlichen Theorie festgehaltenen

---

tung der Früchte verpflichtet ist; es versteht sich von selbst, dass einzelne Verwaltungsakte und Verfügungen die Schwester immer vernehmen kann, sofern die General-Oberin ihr die Erlaubniss giebt. Eben das gilt von Allem, was eine Schwester während ihrer Mitgliedschaft erbt oder erwirbt. § 4. Jede Schwester kann, nachdem sie Profess gemacht hat oder später, so bald ihr Vermögen zugefallen ist, über ihr Vermögen verfügen, indem sie dasselbe nach freier Wahl anderen Personen oder auch dem Vereine selbst abtritt, doch muss sie alsdann sich für den Fall ihres Austritts eine Leibrente in bestimmter Höhe vorbehalten. Auch muss diese Verfügung bald nach solchem Ereigniss geschehen und darf ohne Hinderungsgrund und die Erlaubniss der General-Oberin nicht hinausgeschoben werden."

Grundsätze über die Rechts- und Vermögensfähigkeit der einzelnen Kongregations-Mitglieder es für dieselben ermöglichen, trotz der Abhängigkeit von den Oberen auf bürgerlichem Gebiete die aus dieser Fähigkeit herfliessenden Rechte — natürlich unter Leitung der ersteren — auszuüben*), so bietet jene Doktrin auch ein zweckmässiges Mittel, die Vorschriften des bürgerlichen Rechtes über die nothwendige Genehmigung der Erwerbungen an die todte Hand zu umgehen. Bringt das einzelne Mitglied auch noch so viel Vermögen in die Genossenschaft ein oder erwirbt es später solches in beliebiger Höhe, dem Staate gegenüber gerirt es sich als Eigenthümer, die todte Hand, die Kongregation erwirbt ihm gegenüber das Eigenthum nicht, in der That aber dient das Erworbene lediglich den Zwecken der Genossenschaften, und fällt somit wenn nicht formell, doch der ratio legis nach unter die erwähnten Vorschriften.

Nicht minder, wie diese, wird aber auch die Bestimmung, dass den geistlichen Gesellschaften nur durch Gesetz Kongregationsrechte ertheilt werden dürfen (Verf. Urk. Art. 13), vereitelt. Schon nach dem Bemerkten ist es ersichtlich, dass das Vermögen der einzelnen Mitglieder faktisch eben so gut den Zwecken der Kongregationen dient, wie wenn diese selbst als juristische Personen zum Erwerbe berechtigt wären. Ueberdies ist aber, wenn eine Zuwendung an die Genossenschaft beabsichtigt wird, der Weg möglich, dass dieselbe zu Zwecken derselben nominell einem Mitgliede, welches bei der Verwaltung lediglich von den Oberen abhängig ist, gemacht wird, ein Weg, den die Satzungen der armen Brüder vom Lusberg (§ 23) ausdrücklich: „So lange sie keine Civil-Kongregationsrechte für ihre Genossenschaft erworben haben, wird der Geeignetste von ihnen das bürgerliche Eigenthumsrecht für sie alle haben, und für dessen zweckmässigen Uebertrag bei seinem Absterben schuldige Sorge tragen," angeben.

Die Zwecke und die Thätigkeit der geistlichen Genossenschaften.

Nimmt die S. 35ff näher geschilderte Organisation der geistlichen Genossenschaften das Interesse des Staates in hohem Grade in Anspruch, so berühren auch die Zwecke, welche dieselben in ihrer grösseren Mehrheit verfolgen, gleichfalls wichtige Seiten des staatlichen Lebens.

Ein rein beschauliches Leben führen von den oben aufgeführten Orden und Kongregationen nur die Carthäuser, die Trappisten, die unbeschuhten

*) Offen ist dies in den Satzungen der Schwestern unserer lieben Frau zu Coesfeld ausgesprochen, wo es Abth. II. § 7 heisst: „Vor Allem ist sie aufmerksam zu machen auf die Strenge der h. Armuth, ... wodurch sie alles Recht auf Eigenthum verliert. Vor den bürgerlichen Gesetzen behält sie dies Recht, ohne davon Gebrauch machen zu dürfen, als mit Gutbefinden ihrer General-Oberin".

und die beschuhten Carmeliterinnen, sowie die Clarissinnen-Coletinnen, zusammen mit

Niederlassungen		9
Mitgliedern		
a) männlichen	49	
b) weiblichen	127	
		176

demnach sind für praktische Zwecke thätig

Niederlassungen		905
und Mitglieder:		
a) männliche	983	
b) weibliche	7636	
		8619

Mit der Aushülfe in der Seelsorge, (Versehung des Pfarr-Gottesdienstes, Unterstützung der einzelnen Pfarrer, der Uebung der Predigt, dem Beichthören, Abhaltung von Wallfahrts-Gottesdiensten) beschäftigen sich die Augustiner-Eremiten, die Dominikaner, die Franziskaner-Reformaten, -Observanten und -Minoriten, die Kapuziner und die Philippiner.

Diese haben zusammen Niederlassungen . . .	39
mit Mitgliedern	511

dazu treten noch die Benediktiner, welche sich allerdings nur theilweise der Seelsorge widmen, mit 1 Niederlassung und 60 Mitgliedern.

Mit Rücksicht auf das im Allgemeinen ermittelte Verhältniss zwischen Professen, Novizen und Laienbrüdern und darauf dass selbst die ersteren nicht sämmtlich in den gedachten Richtungen thätig sind, dürfte sich allerdings die wirklich aktiv in der Seelsorge verwandte Zahl etwa auf nur 150 bis 200 Mitglieder belaufen.

Diese Anzahl erscheint für den Umfang der Monarchie freilich an sich unbeträchtlich. Indessen sind die betreffenden Religiosen auf bestimmte Stellen konzentrirt, wie sich z. B. je 6 Niederlassungen der vorstehend bezeichneten 7 Genossenschaften in den Diöcesen Münster und Paderborn, 5 in der Erzdiöcese Gnesen-Posen, je 4 in der Erzdiöcese Cöln und den Diöcesen Trier und Culm, 3 in der Diöcese Breslau befinden. Ferner aber ist ihre Wirksamkeit nicht einmal auf ihren Niederlassungsort beschränkt, denn einzelne ihrer Kirchen sind Wallfahrts- oder Ablassstätten, so die Niederlassungen der Franziskaner-Reformaten zu Hardenberg (Erzdiöcese Cöln), zu Annaberg (Diöcese Breslau), zu Lonk, Kl. Bislaw, Jacobsdorf und Neustadt in Westpreussen (Diöcese Culm), die der Franziskaner-Observanten zu Marienthal, (Diöcese Limburg) und die der Augustiner-Eremiten zu Germershausen (Diöcese Hildesheim). Sie ziehen jährlich zu bestimmten Zeiten Tausende von Wallfahrern an sich, auf welche die Mönche in der ihnen durch ihre Oberen vorgeschriebenen Richtung einwirken können. In der That haben denn auch die Niederlassungen in der Diöcese Culm der Beförderung polnischer Tendenzen besonderen Vorschub geleistet, und es sind durch das Zusammenströmen der Wallfahrer dort wiederholt grobe Excesse und Vergehen veranlasst worden. Endlich sind einzelne dieser Niederlassungen, welche den Bettelmönchen, z. B. den Franziskanern, angehören, zur Plage für ihre Umgebung geworden, weil die Mitglieder dieselbe durch Ablasshandel und durch Betteln brandschatzen. Der Ertrag, welchen eins dieser Klöster auf die gedachte Weise und noch dazu von einer armen Bevölkerung bisher gezogen hat, wird von den Lokal-Behörden jährlich auf 25,000 bis 30,000 Thlr. veranschlagt.

Dass die Wirksamkeit dieser Orden handgreifliche Gefahren sowohl für ein gesundes religiöses, wie auch für das staatliche Leben in sich birgt, ist also durch bereits konstatirte Thatsachen hinlänglich erwiesen.

Während die Zahl der Orden und Genossenschaften, welche die geistliche Amtsthätigkeit unterstützen, verhältnissmässig gering ist, widmen sich eine sehr grosse Anzahl derselben der Krankenpflege, sei es in Krankenanstalten (öffentlichen oder privaten), sei es in den Privathäusern der Kranken selbst.

Es gehören hierher die barmherzigen Brüder von Johannes de Deo, die barmherzigen Brüder von Limburg, die barmherzigen Brüder von Coblenz, die Alexianer, die Elisabethinerinnen, die 3 verschiedenen Genossenschaften der Cellitinnen, die Christenser-Frauen, die Vincentinerinnen von Paderborn, die Vincentinerinnen von München, die Elisabethinerinnen von der III. Regel des h. Franziskus, die barmherzigen Schwestern vom Clemens-Hospital zu Münster, die barmherzigen Schwestern von der h. Elisabeth zu Essen, die grauen Schwestern von der h. Elisabeth, der Verein der barmherzigen Schwestern vom h. Vincenz von Paula, die barmherzigen Schwestern nach der dritten Regel des h. Franziskus und die Franziskanerinnen von der h. Familie zu Eupen, welche insgesammt etwa 259 Niederlassungen und 1888 Mitglieder umfassen.

Dazu treten aber noch eine Anzahl anderer, welche sich theils gleichzeitig der Krankenpflege und der Erziehung, sowie dem Unterricht oder doch hauptsächlich der ersteren widmen. Dies sind die Franziskaner-Tertiarier von Waldbreitbach, die Magdalenerinnen von der Busse, die Vincentinerinnen von Nippes, von Culm, von Strassburg und von Fulda, die Borromäerinnen von Trier und Trebnitz, die Schwestern von der Busse, die armen Dienstmägde Christi, die Schwestern vom h. Kreuz von Strassburg, die Schwestern vom h. Kreuz von Aspel, die Schwestern vom St. Georgsstift zu Thuine, die Franziskanerinnen von Olpe, die Franziskanessen von Salzkotten, die Schwestern der christlichen Schulen von der Barmherzigkeit, die Franziskaner-Tertiarierinnen von Waldbreitbach, die Franziskanerinnen vom dritten Orden des heiligen Franziskus aus dem Mutterhause zu Schweich und die barmherzigen Schwestern von Finthen, mit etwa 360 Niederlassungen und ungefähr 3000

Mitgliedern, also mit einem grösseren Bestande, als die ausschliesslich der Krankenpflege gewidmeten Kongregationen.

Wie viele dieser Schwestern allein der Krankenpflege obliegen, hat nicht festgestellt werden können. Nimmt man approximativ an, dass etwa die Hälfte der Mitglieder in der Krankenpflege thätig ist, so würden noch

den oben ermittelten	1888	
	1500	hinzutreten
die Gesammtzahl der so beschäftigten Personen also	3388	betragen.

Diese sind ebenfalls nicht gleichmässig auf die ganze Monarchie und die einzelnen Diöcesen vertheilt, sondern finden sich hauptsächlich zusammengedrängt auf diejenigen Landestheile, in welchen eine starke und dichte katholische Bevölkerung ansässig ist. So haben z. B. in der Diöcese Trier verschiedene Pfarreien unter 1000 Seelen (Sassig, Oberzissen), andere unter 2000 (Engers, Ruwer, Niederbreissig, Ehrenbreitstein), unter 3000 (Wallerfangen, Bendorf, Saarburg), unter 4000 (Ahrweiler, Merzig, Adenau, Münstermayfeld) Spitäler mit 3 bis 6 Nonnen, so dass wohl vielfach mehr Kranken-Pflegerinnen als eigentlich schwer Kranke vorhanden sind.

Die allgemein anerkannten Verdienste, welche sich die Mitglieder dieser Kongregationen durch Ausübung der Krankenpflege erworben haben, sollen hier nicht im Entferntesten in Abrede gestellt werden. Indessen wird Niemand verkennen, dass die ausgedehnte Verbreitung dieser Genossenschaften andererseits auch ihre bedenkliche Seite hat.

Gerade die hier in Rede stehende Thätigkeit hat u. A. der katholischen Kirche die Möglichkeit gegeben, das Kongregationswesen überhaupt unter der Verhüllung der Ausübung wohlthätiger Zwecke auszubreiten. Es sind in den letzten Jahren eine sehr grosse Anzahl von Stiftungen, die der Krankenpflege dienen, errichtet worden. Bei allen, mochte es sich um bischöfliche, kommunale oder Pfarr-Anstalten handeln, haben Schwestern der erwähnten Genossenschaften als Krankenpflegerinnen Aufnahme gefunden und sich in denselben zu klösterlichem Leben den Vorschriften ihrer Konstitutionen gemäss organisirt. Die erwähnten Institute sind somit zugleich Klöster oder klösterliche Stationen geworden. Trotzdem, dass diese Konsequenzen klar zu Tage lagen und sich in einer Reihe von Fällen auch gezeigt haben, hat man für diese Anstalten als rein wohlthätige Stiftungen die Ertheilung von Korporationsrechten an maassgebender Stelle extrahirt, ja sogar mitunter, wenn in dem eingereichten Statut die Beziehungen zwischen den Schwestern und dem Institut zu klar ausgedrückt waren, erst die betreffenden Stellen ändern lassen, obwohl vorausgesehen werden konnte, dass die beabsichtigte Verbindung thatsächlich doch in das Leben treten würde.*) Auf diese Weise ist das Verbot der Verfassungs-

*) So ist z. B. in einem Fall von der kompetenten Central-Behörde der Rath ertheilt worden, in dem Statut das Wort: „Schwester Vorsteherin“ zu ersetzen durch „Oberin der Krankenpflegerinnen.“

Urkunde, geistlichen Gesellschaften Korporationsrechte im Wege der Verwaltung zu ertheilen, umgangen, und dieser Art klösterlicher Niederlassungen eine sichere pekuniäre Grundlage aus den Einnahmen der mit juristischer Persönlichkeit ausgestatteten Stiftungsfonds verschafft worden, trotzdem dass man sich doch nicht verhehlen konnte, dass zwischen einer Anstalt, in welcher klösterlich organisirte Schwestern die Krankenpflege leiten, und einem Kloster, welches der Krankenpflege obliegt, praktisch kein Unterschied besteht.

Bei der Abhängigkeit der die Krankenpflege ausübenden Schwestern von ihren Ordens-Oberen liegt ferner die Gefahr vor, dass die Interessen der Anstalt denen der Kongregationen nachgesetzt werden, und dass sich der geistliche Einfluss stärker als der der übrigen bei der Verwaltung betheiligten Organe, namentlich der Aerzte, geltend macht. Dass diese Gefahr keine eingebildete ist, ergiebt z. B. die Vorschrift der Konstitutionen des Vereins der barmherzigen Schwestern v. h. Vincenz von Paula in der Diöcese Hildesheim § 74, in welchem bestimmt wird:

> „Bei Uebernahme schon bestehender Stiftungen soll viel Vorsicht gebraucht werden. Häuser, wo die Schwestern im Innern derselben nicht selbstständig gestellt sein können, sollen sie nicht übernehmen. So würden die Schwestern den Haushalt selber machen dürfen, die etwaigen Dienstleute für Besorgung der Gärten, Beihülfe für die Wäschen u. s. w. selber miethen und entlassen u. s. w. — So würde ein (sic) Verwalter, Rendant u. s. w. im Innern des Hauses mit den Schwestern zu wohnen, nicht gestattet sein und wären mit aller Vorsicht und Umsicht vor der Uebernahme eines solchen Hauses alle Bedingnisse in einem eigenen Kontrakte wohl zu ordnen und festzustellen.“

Von daraus resultirenden Uebelständen ist freilich wenig in die Oeffentlichkeit gedrungen. Dies erklärt sich sehr leicht daraus, dass nach der in neuerer Zeit überall angewendeten Statuten-Schablone auch die äussere Leitung der betreffenden Anstalten einen entschiedenen geistlichen Charakter trägt. Ueberall ist die Aufsicht über den Vorstand dem Diöcesan-Bischof übertragen und dieser hat zugleich die Vorstandsmitglieder zu bestätigen. Der Vorstand besteht gewöhnlich aus dem Ortspfarrer, noch einem Geistlichen (z. B. dem Kaplan) und einem oder mehreren Laien, welche letzteren auf eine bestimmte Anzahl von Jahren in ihren Aemtern fungiren und nach deren Ablauf mit den ständigen Vorstandsmitgliedern die neuen zu wählen haben, aber in der Regel wieder wählbar sind. Somit prädominirt auch in der äusseren Leitung dieser Institute der geistliche Einfluss, und dass ein solcher den specifischen Interessen der mit der Krankenpflege beschäftigten Schwestern die genügende Rechnung trägt, wird keines weiteren Beweises bedürfen.

Weiter kann nicht geleugnet werden, dass die Ausübung der Krankenpflege, sei es in Kranken-Anstalten, sei es in den Wohnungen der Kranken an und für sich ein Mittel bietet, für eine bestimmte kirchliche Richtung Propaganda zu machen und zwar um so leichter, als die betreffenden Personen sich gewöhnlich in einem Zustande befinden, welcher sie für die Regel religiösen Einwirkungen leicht zugänglich macht. Dass die Stellung und der Beruf der Mitglieder der fraglichen Genossenschaften diese zu solchen an und für sich veranlasst, liegt ebenfalls auf der Hand, und überdies fordern sogar auch viele Konstitutionen ausdrücklich, dass diese sich des Seelenheils der Kranken annehmen, vgl. z. B.:

Statuten der Alexianer S. 90:

„Sie sollen streben den Kranken durch geistliche Gespräche und Heiterkeit aufzumuntern.

Wenn die Krankheit gefährlich wird, so sollen die Brüder mit aller vernünftigen Vorsicht dafür sorgen, dass der Kranke mit den heiligen Sakramenten versehen werde; weigert der Kranke sich dessen, so nehme der Bruder seine Zuflucht zum Gebete, berathe sich mit seinem Obern und benachrichtige den betreffenden Pfarrer oder einen andern Priester von der Gefahr, in welcher der Kranke sich befindet.

In ihrem Umgange mit dem Kranken und seiner Umgebung seien die Brüder immer ihrer heil. Regel eingedenk; ihre Reden seien immer erbaulich und nie von solchen Gegenständen, die einem Ordensmann fern liegen sollen. Leidenschaftlichen Gesprächen und Streitigkeiten über die Religion sollen die Brüder immer und ganz besonders bei Irrgläubigen auszuweichen suchen; würde man Einem von ihnen mit denselben wirklich lästig, so soll er auf eine bescheidene Weise erklären, dass er unter solchen Verhältnissen den Kranken nicht weiter pflegen könne."

S. 98: „Die Bestimmungen des vorigen Kapitels hinsichtlich der Krankenpflege in Privathäusern sollen, insoweit sie auf Krankenpflege in Spitälern anwendbar sind, auch in diesen volle Geltung haben."

Regel der barmherzigen Brüder aus der Diöcese Limburg Kap. 7. (handschriftlich):

„2. Sodann macht der betreffende Bruder oder im Falle der Unmöglichkeit der Vorsteher dem katholischen Seelsorger des Kranken die Anzeige, dass er die Pflege desselben übernommen habe, und bittet ihn um Rath und Anweisung für sein Verhalten.

3. Ist einige Gefahr vorhanden, so beeile sich der Bruder den Seelsorger hievon in Kenntniss zu setzen und den Kranken mit aller Schonung und Klugheit zum Empfange der h. Sakramente zu bestimmen.

4. Bei längerer Dauer der Krankheit halte der Bruder auch ausser dem Falle der Lebensgefahr den Kranken zur öfteren Beichte und Communion an.

5. Findet er beim Kranken keine religiöse Gesinnung, so muss er sein Gebet für den Unglücklichen verdoppeln, und mit vorsichtigem Eifer dahin wirken, denselben mit Gott und der Kirche zu versöhnen und zu dem Ende dem betreffenden Seelsorger Eingang verschaffen.

6. Das Gebet, die Lesung aus einem nützlichen Buche, sowie die Gespräche mit dem Kranken müssen so eingerichtet werden, dass dieser dadurch erbaut,

erheitert, an Leib und Seele erquickt wird, sie dürfen also nicht zu häufig, nicht zu lange dauernd sein, nicht belästigen, noch allzusehr zerstreuen.

. . . .

8. Nicht katholische Kranken sollen mit gleicher Liebe und Sorgfalt gepflegt werden. Vor Uebernahme eines solchen ist gleichfalls dem katholischen Seelsorger des Pfarrsprengels die Anzeige zu machen. Der Bruder soll mit solchen Kranken blos dann, wenn sie es wünschen, beten oder über religiöse Dinge, namentlich über die Glaubensunterschiede reden, oder endlich ihnen, dies aber nie anders als aus katholischen Gebet- und Erbauungsbüchern, vorlesen."

Constitutionen der grauen Schwestern v. d. h. Elisabeth (handschriftlich) Th. I. Kap. 7.

„9. Die Haltung der Schwestern am Krankenbette soll eine ernste, aber bescheidene und freundliche sein. Schon auf dem Wege dahin werden sie sich in den Verkehr mit ihren Schutzengeln, sowie mit dem des Kranken setzen und im Hause selbst werden sie sich bestreben, durch liebevolles Entgegenkommen und pünktliche Erfüllung ihrer Pflichten die Kranken zu gewinnen, ihre Launen und ihren Undank aber mit Geduld und in Vereinigung mit dem leidenden Heilande ertragen . . . .

11. Die Schwestern gehen zu den Kranken immer mit einem Gebetbuch, theils um dort ihre Andacht, wenn es Zeit und Gelegenheit erlauben, zu verrichten, theils den Kranken, die sie darum bitten, daraus vorzubeten. Sie beten ihnen langsam, deutlich, einfach, fromm, bescheiden vor, aber nicht zu viel auf einmal, weil solches nur ermüdet.

. . . .

13. In wie weit es möglich ist, sollen die Schwestern mit Liebe und Sanftmuth die Kranken ermahnen, zum Gottvertrauen, zum Gebete, zur Busse und wenn Todesgefahr droht, sollen sie auch ermahnen und bitten, einen Geistlichen rufen zu lassen.

14. Dagegen werden die Schwestern, besonders wenn sie bei Andersgläubigen pflegen, alle Dispute über Glaubenssachen bescheiden ablehnen, die Kranken aber, welche um religiösen Zuspruch ersuchen, ermahnen, den h. Geist um Erleuchtung im Glauben demüthig anflehen zu wollen."

Aergerniss gebende Excesse sind bei der Ausübung der Krankenpflege durch die Mitglieder der religiösen Genossenschaften ebenfalls vorgekommen. So hat z. B. im Jahre 1871 eine der im Lazareth zu Spandau beschäftigten Schwestern ein Exemplar der in der reformirten Kirche gebräuchlichen französischen Uebersetzung des neuen Testamentes, zerrissen, und die Blätter an die französischen Kriegsgefangenen zu einem hier nicht näher zu bezeichnenden Gebrauche vertheilt. Dieses Benehmen wird durch die Beschönigung der geistlichen Behörden, dass vorher evangelische Traktätlein unter den katholischen Gefangenen verbreitet und die damals in Spandau befindlichen Schwestern dadurch stark gereizt worden seien, sicherlich nicht entschuldigt. Indessen bei dem vereinzelten Vorkommen solcher Ungehörigkeiten soll darauf kein Gewicht gelegt werden.*) Immerhin bleibt

---

*) Aus demselben Grunde sind oben, wo von der verderblichen Thätigkeit der Franziskaner die Rede gewesen ist, keine Folgerungen aus nachstehendem Vorfall gezogen

nach dem oben Angeführten die nicht abzuleugnende Gefahr bestehen, dass der ganze, der Krankenpflege dienende Organismus in einem geeignet erscheinenden Zeitpunkt zur Verbreitung und Stärkung ultramontaner und staatsfeindlicher Gesinnungen in denjenigen Kreisen, innerhalb welcher er seine Thätigkeit ausübt, benutzt werden kann.

Eine ebenfalls sehr grosse Anzahl der Kongregationen widmet ihre Thätigkeit ausschliesslich oder doch hauptsächlich Unterrichts- und Erziehungszwecken. Es gehören hierher die Schulbrüder, die Benediktinerinnen, die Salesianerinnen, die Ursulinerinnen, die Benediktinerinnen von der ewigen Anbetung, die Rekollektinnen, die Katharinerinnen, die Schwestern vom S. Salvator-Institut, die englischen Fräulein, die Schwestern vom Stephanshof, die Schwestern der Congregatio b. Mariae Virginis vom s. Peter Fourier, die Franziskanerinnen vom III. Orden des h. Franziskus aus dem Mutterhaus Siessen, die armen Schulschwestern von Notre Dame, die Schwestern der christlichen Liebe, die armen Schwestern v. h. Franziskus aus dem Mutterhaus zu Aachen, die Schulschwestern des III. Ordens des h. Franziskus aus dem Mutterhause Gieboldehausen und die Augustinerinnen oder Schwestern des Ordens v. h. Geist in etwa 149 Niederlassungen und Stationen und mit etwa 2000 Mitgliedern.

Dazu treten noch diejenigen Kongregationen, welche wie die armen Mägde Maria's die Anlegung und Unterhaltung von Kinderbewahr-Anstalten zu ihrer Aufgabe gemacht haben, und ferner die grosse Anzahl derjenigen, deren erziehende Thätigkeit sich wesentlich mit Waisen oder verwahrlosten

---

worden, welcher mindestens zeigt, dass selbst noch heute die obersten geistlichen Behörden nicht immer im Stande sind, ihre Autorität über die Mönche zu wahren. In Schlesien hatte ein reicher Gutsbesitzer im Jahre 1852 auf seinem Grund und Boden aus eigenen Mitteln ein kleines Kloster mit 9 Zellen für Franziskaner-Mönche errichten lassen. Die dortigen Mönche und die eines in der Nähe befindlichen Klosters erregten aber im Jahre 1855 Unruhen und geriethen mit dem Fürstbischof von Breslau in Differenzen, so dass sich der päpstliche Stuhl genöthigt sah, einen benachbarten österreichischen Bischof mit der Untersuchung gegen dieselben zu beauftragen. In Folge dessen verliessen die Mönche (16 an der Zahl) ihre Klöster und zwar unter Entführung der beiden Töchter des Gutsbesitzers, welcher das eine Kloster auf seine Kosten für sie gebaut hatte, und begaben sich vagabondirend nach Westfalen. Die Bischöfe von Breslau und Paderborn mussten den Schutz der Polizei anrufen, und es gelang mit Hilfe derselben, 14 der Mönche anzuhalten und auf verschiedene Franziskaner-Klöster in Westfalen zu vertheilen. Für ihren Unterhalt verlangte der Bischof von Paderborn mit Rücksicht darauf, dass die gedachten Klöster die Kosten der Detention nicht bestreiten könnten, und auch er die Kosten (wörtlich) „für diese nichtsnutzigen Mönche, die er leider auf dem Halse habe," nicht zu tragen im Stande sei, die Anweisung der nöthigen Mittel von dem Kultusministerium. Von diesem wurde auch sofort auf Veranlassung der katholischen Abtheilung desselben eine ausserordentliche Beihülfe von 300 Thlrn. aus dem Extraordinarium der General-Staatskasse beantragt, und die Bewilligung dieser Summe für einen Zweck, welcher den Staat nicht im Mindesten interessirte, ist nur durch den Widerstand des Finanzministers gehindert worden.

Kindern beschäftigt, nämlich die armen Brüder vom Lusberg bei Aachen, die Brüder der christlichen Liebe, die Vincentinerinnen vom Hause St. Mauritz, die verschiedenen Genossenschaften der Frauen von der Liebe des guten Hirten, die Schwestern vom armen Kinde Jesu, die barmherzigen Schwestern v. h. Kreuz aus dem Mutterhaus Ingenbohl, die Schwestern unserer lieben Frau von Coesfeld, die Schwestern der h. Hedwig, die armen Schwestern der Barmherzigkeit vom Haus Bethlehem bei Herford und die armen Franziskanerinnen von Pirmasenz. Der Gesammtbestand dieser etwa

	93 Niederlassungen und	1000 Mitglieder,
hinzugerechnet zu den		
eben nachgewiesenen	. 149 Niederlassungen und	2000 Mitgliedern,
ergiebt im Ganzen .	. 242 Niederlassungen und	ungefähr 3000 Mitglieder.

Allerdings widmen sich nicht alle den in Rede stehenden Zwecken ausschliesslich. Ausserdem kommt in Betracht, dass in den mitgetheilten Zahlen sowohl die Postulantinnen und Novizen als auch dienenden Schwestern enthalten sind. Wenn somit einerseits ein Abzug von der eben angegebenen Zahl zu machen ist, so tritt doch andererseits derselben die S. 84 approximativ angenommene Summe der Mitglieder (1500) solcher Kongregationen hinzu, welche sich sowohl der Krankenpflege als auch der Erziehung widmen. Mit Rücksicht darauf, dass sich unter diesen ebenfalls wieder Postulantinnen, Novizen und dienende Schwestern befinden, mag das so hinzurechnende Plus ausser Ansatz bleiben. Geschicht dies und nimmt man selbst weiter an, dass von den vorhin auf 3000 berechneten Mitgliedern noch 400 zu denjenigen Personen gehören, welche sich bei der Erfüllung des Zweckes der einzelnen Genossenschaften nicht aktiv betheiligen, so bleibt immer noch die hohe Zahl von 2600 Mitgliedern übrig, die sich einer erziehenden und unterrichtenden Thätigkeit widmen. Ueber ihre Vertheilung gilt das bereits oben Bemerkte, das heisst: während sie in manchen Gegenden, namentlich mit stark gemischter protestantischer und katholischer Bevölkerung gar nicht vertreten sind, haben sie in anderen Landestheilen das überwiegende Kontingent der vorhandenen Lehrkräfte gebildet. So waren z. B. im Jahre 1872 im Regierungsbezirk Düsseldorf allein 222 geistliche Schwestern als öffentliche Lehrerinnen angestellt.

Auch diese Art der Thätigkeit hat ebenso wie die Krankenpflege die erwünschte Gelegenheit sowohl zur weiteren Ausbreitung der Kongregationen als auch zur Umgehung des Verbotes, im Verwaltungswege Korporationsrechte zu erlangen, dargeboten.

Viele Gemeinden haben mit einzelnen Genossenschaften über die Stellung von Schulschwestern Verträge abgeschlossen, und wo mehrere derselben für die betreffenden Schulen von den Oberinnen deputirt worden sind, da haben sie sich stets nach Art eines Klosters organisirt, ja die Möglichkeit dazu ist wiederholt in den abgeschlossenen Verträgen ausdrücklich durch entsprechende Bestimmungen gesichert worden.*) Die Schulschwestern der verschiedensten Genossenschaften haben auf diese Weise um so leichter Eingang in die Gemeinden gefunden, als sie theils den Unterricht unentgeltlich, theils aber gegen geringeres Entgelt, wie die an weltliche Lehrer oder Lehrerinnen zu zahlenden Beträge, übernommen haben, und der Gesichtspunkt einer geringeren Belastung des Kommunal-Budgets bei vielen Gemeinde-Behörden für die Berufung geistlicher Lehrerinnen den Ausschlag gegeben hat. Dass sogar derartige Motive bei einzelnen der erwähnten Genossenschaften, da wo es sich um ihre Interessen, namentlich um ihre Verbreitung handelt, bestimmend einwirken, zeigt das Verhalten der Schulbrüder in einer rheinischen Stadt. Da ihrer Berufung an bestimmten Schulen derselben kein Hinderniss entgegenstand, so liessen sie jedem Schulbruder 150 Thlr. Gehalt zusichern. Nach dem eigenen Anerkenntniss des Direktors ihrer Niederlassungen haben sie sich ferner für ihre Pensionate und die von ihnen gehaltenen Schulen, und zwar für die armen Kinder, von der Kommune fort und fort Schulgeld zahlen lassen. Ihre eigenen Konstitutionen bestimmen aber:

> „Das Institut der christlichen Schulbrüder ist eine Gesellschaft, die es sich zur Aufgabe macht, unentgeltlich Schule zu halten." „Die Brüder müssen überall die Schulen unentgeltlich halten: das ist das Wesen ihres Institutes." Und „Die Brüder dürfen von den Schülern oder ihren Aeltern weder Geld noch sonst ein Geschenk annehmen" (vgl. die citirten Konstitutionen S. 1 u. 11).

---

*) Als Beispiel mag folgender Vertrag dienen:

„Die Ordensschwestern . . . . haben folgende Bedingungen gestellt:

1. Für 3 Schwestern, von denen zwei die Elementarschulen leiten, die Dritte den Haushalt besorgt und gleichzeitig an den Handarbeitsstunden der Elementar-Schulen sich betheiligt, wird ein Jahresgehalt von 400 Thlrn. gezahlt, welche jedoch quartaliter zu entrichten sind.
2. Von der Gemeinde werden beim Beginne des neuen Hauses ein für alle Mal 100 Thlr. erlegt, hierfür übernimmt die Genossenschaft die Beschaffung der Möbeln und Hausgeräthe für die Wohnung der Schwestern . . .
3. Ausgenommen das Weissen des Wohnhauses der Schwestern steht die Gemeinde für alle grossen und kleinen Reparaturen der Wohnung der Schwestern, wie auch des Schulgebäudes . . .
4. Die Wohnung der Schwestern muss folgende Räume enthalten: a. ein Refektorium, b. ein Schlafzimmer, c. eine Küche nebst Keller und Bodenraum, d. ein Betzimmer, e. ein Sprechzimmer. — Ausserdem wird ihnen ein Garten überwiesen, der jedoch eben nicht unmittelbar an der Wohnung der Schwestern zu liegen braucht, wenn er nur eine Umzäunung hat, und den Bedürfnissen entspricht.
5. Die Schwestern haben die von der Kön. Regierung zu . . . . bestimmten 10tägigen Oster- und 3wöchentlichen Herbstferien, welche sie im Mutterhause zubringen.
6. Besuche in der Wohnung der Schwestern sind niemals ohne ausdrückliche Erlaubniss und Gegenwart der vorstehenden Schwester oder deren Stellvertreterin gestattet."

Wenn trotzdem der Direktor der gedachten Niederlassung das eingehaltene Verfahren für vollkommen gerechtfertigt erklärt hat, indem er die durch den klaren Wortlaut der Konstitutionen ausgeschlossene Unterscheidung aufstellte, dass zwar nicht das einzelne Mitglied, wohl aber das ganze Institut Bezahlung annehmen könne, so ergiebt dieses Beispiel, dass die Kongregation ihre Propaganda nur da, wo es ihr nicht anders möglich ist, festen Fuss zu fassen, ohne pekuniären Nutzen betreibt, und sich allein in solchen Fällen des Lockungsmittels des unentgeltlichen Unterrichts bedient, dass sie sich aber sonst nicht scheut, ihre eigenen Konstitutionen geradezu zu verletzen.

Ferner haben sich die erwähnten Genossenschaften auch auf die Weise ausgedehnt und weiter verbreitet, dass sie zu neu errichteten Waisen- oder Rettungs-Instituten in dieselbe Verbindung getreten sind, wie die Krankenschwestern zu den Hospitälern und Kranken-Anstalten. Ebenso wie die letzteren haben diese Institute vielfach die Rechte der juristischen Persönlichkeit verliehen erhalten, und man hat sich auch hier damit begnügt, vor Ertheilung derselben aus den Statuten etwaige ausdrückliche Bestimmungen über die organische Verbindung der Anstalten mit den Schwestern eines bestimmten Ordens oder einer Kongregation durch die Antragsteller vorher beseitigen zu lassen.

Die auf diese Weise beförderte Zunahme der an den öffentlichen Schulen und anderen Anstalten wirkenden Schulschwestern hat schon seit mehreren Jahren die Aufmerksamkeit der höchsten betheiligten Staatsbehörden erregt. Allgemeine leitende Verwaltungsgrundsätze hinsichtlich des in Rede stehenden Punktes sind aber erst durch das schon in der Einleitung erwähnte Reskript vom 15. Juni 1872*) festgestellt worden. Die Motive dieser Verfügung, in

---

*) Auf die Berichte vom 23. Januar und 27. März d. J. Sekt. V. 6978 und 2162 sehe ich mich veranlasst, hierdurch im Allgemeinen zu bestimmen, dass die Mitglieder einer geistlichen Kongregation oder eines geistlichen Ordens in Zukunft als Lehrer oder Lehrerinnen an öffentlichen Volksschulen nicht mehr zuzulassen und zu bestätigen sind.

Was dagegen die zwischen einzelnen Gemeinden einerseits und geistlichen Genossenschaften oder Mitgliedern derselben anderseits wegen Wahrnehmung des Schuldienstes oder Besetzung der Schulstellen bereits abgeschlossenen und in Wirksamkeit getretenen Verträge betrifft, so hat die Kön. Regierung auf eine baldige Lösung der letzteren in der Art Bedacht zu nehmen, dass dabei sowohl die Möglichkeit der sofortigen Wiederbesetzung der betreffenden Stellen durch weltliche Lehrer und Lehrerinnen, als die finanzielle Lage der betreffenden Gemeinden zu berücksichtigen ist. Wo solche Bedenken einer Kündigung der bestehenden Verträge nicht entgegenstehen, ist mit derselben schleunigst vorzugehen, mit Lösung aller andern Verträge aber alsdann fortzufahren, wenn unter Beachtung der vorgezeichneten Gesichtspunkte dies nach den thatsächlichen Verhältnissen thunlich erscheint. Selbstverständlich wird in denjenigen Fällen, in welchen gesetzliche Gründe der Beseitigung des gegenwärtigen Zustandes im Wege stehen sollten, dieselbe auszusetzen sein. Ich erwarte indess für solche voraussichtlich seltenen Fälle einen eingehenden Bericht, in welchem meine Entscheidung über den Spezialfall einzuholen ist, wie ich andererseits binnen 3 Monaten einer näheren Anzeige über das Geschehene

Folge deren eine Anzahl von Mitgliedern geistlicher Gesellschaften bereits aus ihren Stellungen an öffentlichen Volksschulen entfernt sind, haben aus Anlass des von dem Abgeordneten von Mallinckrodt und Genossen in der Session des Abgeordnetenhauses von 1872 bis 1873 (11. Legislatur-Periode III. Session) eingebrachten Antrages, das erwähnte Reskript als mit den Bestimmungen des Art. 4 der Verfassungs-Urkunde unvereinbar zu erklären, ihre eingehende Darlegung seitens des gegenwärtigen Ministers der geistlichen Angelegenheiten in der Sitzung des Abgeordnetenhauses vom 28. November 1872 (vgl. stenographische Berichte S. 190) gefunden. Der entscheidende Gesichtspunkt ist der gewesen, dass die Schulschwestern keine „Bürgschaft dafür gewähren, dass sie die ihnen zur Erziehung anvertrauten zu solcher Freiheit, zu solcher Treue zum Vaterland, zu solchem Gehorsam gegen die Gesetze des Vaterlandes, zu solchem Bewusstsein der Angehörigkeit, der Hingebung an das Vaterland erziehen werden, dass dereinst der Schwerpunkt für ihre Anschauungen und Gesinnungen, der entscheidende Bestimmungsgrund für ihr Streben und Wirken innerhalb der Grenzen des Vaterlandes liege und nicht ausserhalb." Zur näheren Begründung hat der Minister darauf hingewiesen, dass die betreffenden Personen durch das unbedingte Gelübde des Gehorsams an ihre Oberen, welche nicht einmal sämmtlich dem preussischen Staate angehören, gebunden sind, und nicht aus unmittelbarer Anschauung ein rechtes Verständniss für das Wesen dieses Staates besitzen, dass ferner andere geistliche Obere — und diese sind nach den oben gemachten Darlegungen wesentlich bei der Leitung der betreffenden Genossenschaften betheiligt — für sich das Recht in Anspruch nehmen zu entscheiden, wie weit sie und die Kirchen-Angehörigen den Staatsgesetzen unterworfen seien. Habe somit der Staat schon an und für sich einen geringen Einfluss auf die Mitglieder jener Kongregationen, deren ganze eigene Persönlichkeit in dem Verhältniss zu ihrer Genossenschaft und ihren Oberen aufgehe, so werde dieser und die staatliche Aufsicht noch dadurch erschwert, dass nach den übereinstimmend in Rheinprovinz, in Westfalen, in Preussen und in Schlesien üblichen Verträgen nicht der Unterricht bestimmten Personen übertragen werde, sondern dass die Genossenschaft, bez. deren Oberer das Lehrpersonal nach ihrem freien Ermessen, wie der gebrauchte Ausdruck lautet: „zu stellen" habe. Endlich ist der schon oben theilweise berührte Gesichtspunkt hervorgehoben worden, dass überall, wo solche Lehrerinnen zugelassen worden, klösterliche Einrich-

---

entgegensehen will. In diesem Berichte sind zugleich die geistlichen Männer-Orden und Kongregationen namhaft zu machen, welche durch ihre Mitglieder an den öffentlichen Schulen des dortigen Bezirkes Unterricht ertheilen und hiermit diejenigen statistischen Mittheilungen zu verbinden, welche in den früheren Berichten in Betreff der Schulschwestern enthalten sind.

Wegen Zulassung der Mitglieder geistlicher Genossenschaften an Privatschulen behalte ich mir besondere Bestimmung vor."

tungen entstanden seien, und dass theilweise durch die im Einklang mit den Pfarrern als Schul-Inspektoren getroffenen Vereinbarungen die Schulen ihren Charakter als öffentliche Schulen verloren und vielmehr den von Kirchen-Anstalten angenommen hätten.*)

---

*) Der zum Beweise dafür mitgetheilte Vertrag (s. a. a. O. S. 192) lautet:

1. Die Genossenschaft von der göttlichen Versehung St. Mauritz entsendet drei ihrer Schwestern, von denen wenigstens zwei zum Lehramt qualifizirt sein müssen.
2. Das häuslich-kirchliche Leben (vita regularis) der Schwestern richtet sich nach ihren am 29. November 1844 von dem hochseligen Bischof Caspar Max gutgeheissenen Statuten.
3. Die Dritte der Schwestern steht beiden anderen als Oberin vor und besorgt die Haushaltung.
4. Den beiden Schulschwestern werden zwei Klassen der Elementarschule übergeben, worin sie nach vom Königlichen Schulpfleger-Amt festgestellten Schulplan den Unterricht ertheilen.
5. Eine hat blos Mädchen zu unterrichten und zwar die von einem Alter von etwa 9 Jahren bis zu ihrer Entlassung. Die andere unterrichtet eine gemischte Vorbereitungs-Klasse von kleinen Knaben und Mädchen, doch so, dass ihr nicht zugemuthet werden darf, Knaben, die das 10te Lebensjahr schon erreicht haben, länger in ihren Schulen zu behalten.
7. Wöchentlich werden dreissig Stunden Unterricht ertheilt, nämlich täglich mit Ausnahme der Sonn- und Donnerstage, wo der Unterricht ganz ausfällt, 6 Stunden.
8. Täglich besuchen die Kinder mit ihren Lehrerinnen die heilige Messe, und zwar 8 Uhr (in 2 Wintermonaten halb 9). Es soll zugesehen werden, ob es nicht zu ermöglichen ist, dass der Unterricht schon eine halbe Stunde vor dem Kirchenbesuch beginnt.
9. An Sonn- und Feiertagen müssen die Lehrerinnen mit den Kindern der Hochmesse, dem nachmittäglichen Gottesdienst, inkl. Christenlehre und den vorfallenden Prozessionen beiwohnen.
10. Zur Sommerzeit, d. h. wenn nicht geheizt zu werden braucht, versammeln sich die Kinder unter Aufsicht ihrer Lehrerinnen ein Viertel Uhr vor dem Gottesdienste in der Schule, um im geordneten Zuge, wie es an den Wochentagen auch immer geschieht, zur Kirche geführt zu werden.
12. Wenn in einer Woche die zwei ersten Tage (Montag und Dienstag) Spieltage sind, wie es zu Fastnacht und den drei Kirchmessen der Fall ist, so wird Donnerstag Schule gehalten.
13. Dasselbe ist bei andern Spieltagen, die keine gebotenen Feiertage (als Königs-Geburtstag, Katharinen-Markt, St. Cäcilia, St. Nikolai und unschuldigen Kindertag) zu beobachten. Von Seiten des Schulvorstandes steht nichts im Wege, dass dies ebenso mit folgenden Ordensfesten der Schwestern St. Elisabeth, St. Vincentin, St. Josephii, St. Annae-Tag gehalten werde.
14. Eigentliche Osterferien finden nicht Statt. Die drei letzten Tage der Charwoche werden mit frommen Uebungen theils in der Kirche, theils in der Schule zugebracht. Osterdienstag wird zwar keine Schule gehalten, Nachmittag aber ist Kirchenbesuch und Kreuz-Andacht. Dagegen sind nach der Entlassungs-Prüfung in der letzten April- oder ersten Maiwoche einige schulfreie Tage.
23. Die Nebenverpflichtungen der Lehrerinnen, resp. Schwestern sind folgende:

Dieselben Gefahren, welche die Leitung und Ertheilung des Unterrichts durch die Mitglieder der Kongregationen an öffentlichen Schulen bieten, walten in höherem Masse bei ihrer Thätigkeit an Privat-Unterrichts- und Erziehungs-Instituten ob, deren es namentlich in einzelnen Landestheilen eine sehr erhebliche Anzahl giebt.*) Denn über dieselben ist kaum eine so stetige und fortdauernde Kontrole, wie über die öffentlichen Schulen, durchführbar.**)

---

a) wenn es der Pfarrer verlangt, müssen sie gewisse, ihm zur Verfügung stehende Stiftungsgelder (zum Betrage von etwa 15 Thlrn.) an alte, arme und kranke Leute, theils in deren Häusern, theils in der Kirche nach gewissen Gottesdiensten vertheilen,

24. b) die Lehrerinnen müssen täglich in der Vormittagsschule ein Vaterunser für den Stifter mit den Schulkindern beten, ebenso Nachmittags für andere Wolthäter und Wohlthäterinnen. Es kann dies Vaterunser als das gewöhnliche Schlussgebet des Unterrichts dienen oder demselben hinzugefügt werden.

25. c) Ebenso müssen die Schwestern für gewisse Wohlthäterinnen monatlich einen Rosenkranz beten und jährlich eine heilige Messe hören. Das Rosenkranz-Gebet darf nicht in den gewöhnlichen Schulstunden verrichtet werden. Es soll aber zugesehen werden, ob es sich entweder während des Handarbeit-Unterrichts oder irgend wann füglich in der Kirche anbringen lässt.

26. d) Ferner sind die Lehrerinnen verpflichtet, alljährlich im Monat September zu Ehren der schmerzhaften Mutter Jesu als einer besonderen Patronin der Gemeinde mit ihren Schulkindern eine heilige Messe zu hören, welche keine andere zu sein braucht, als die, welcher sie ohnehin (§ 8) beiwohnen.

27. e) Die Schwestern müssen um aller Seelen das Grab des Stifters von Unkraut reinigen und mit Blumen schmücken, wofür sie aus der Stiftungs-Kasse eine Vergütung von 11 Sgr. erhalten, und Ende Februar sein kirchliches Jahr-Gedächtniss halten lassen, wofür ihnen ihre Ausgaben ebenfalls mit 1 Thlr. 20 Sgr. aus besagter Kasse vergütet werden.

28. f) Dem Begräbniss gewisser Wohlthäterinnen, die der Kirchen-Vorstand seiner Zeit bezeichnen wird, müssen die Lehrerinnen mit ihren Schulkindern beiwohnen, für gewisse andere ebenso nach ihrem tödtlichen Hinscheiden eine heilige Messe hören. Hier gilt wieder das § 26 mit Bezugnahme auf § 8 Gesagte.

29. Die Schwestern beziehen dagegen ein hiermit ihnen zugesichertes festes Jahr-Gehalt von 350 Thlrn. und es wird ihnen ein gemiethetes und nur von ihnen zu bewohnendes Haus überwiesen.

31. Aus der Gemeinde-Kasse werden ihnen in monatlichen Raten 213 Thaler ausgezahlt und hat jede der beiden Lehrerinnen über die Hälfte des Ganzen oder ihr Jahr-Gehalt zu 106 Thlr. 15 Sgr. zu quittiren.

32. Aus der Kirchen-Kasse resp. kirchlichen Armen-Kasse erhalten sie im Monat Dezember 137 Thaler, worüber die Oberin quittirt."

*) Im Regierungsbezirke Posen existirten im Herbst 1872 — 23 Privatschulen, Pensions- und Erziehungs-Anstalten mit einem Lehrer und 70 Lehrerinnen, welche geistlichen Genossenschaften angehörten, sowie 158 Schülern und 939 Schülerinnen.

**) Einer solchen haben sich die Kongregationen auch mitunter zu entziehen gesucht. Als im Jahre 1862 der damalige Polizei-Präsident von Berlin die von den Frauen vom guten Hirten geleitete Rettungs-Anstalt zu Charlottenburg welche durch die Aufnahme von Kindern allmählig auch zu einer Bewahr- und Erziehungs-Anstalt geworden war,

Allerdings ist es richtig, dass die den geistlichen Genossenschaften angehörigen Mitglieder, namentlich die Schulschwestern ihre Qualifikation zum Unterrichten nach den allgemeinen bestehenden Vorschriften darthun müssen, und dass man denselben nur in manchen Fällen in dieser Beziehung Erleichterungen gewährt hat. Ferner sind alle von ihnen geleiteten Schulen und sonstigen Anstalten der Staatsaufsicht und den allgemeinen das Unterrichtswesen regelnden Normen unterworfen.

Der erstgedachte Umstand gewährt aber keineswegs ausreichende Sicherheit dafür, dass die Ausübung des Lehramtes nicht in einer Weise geschieht, welche die Kinder mit der heute in der katholischen Kirche herrschenden, dem Staate feindlichen Richtungen und mit einer ungesunden, namentlich in äusseren Werks- und Gebetdienste aufgehenden Frömmigkeit erfüllt. Die betreffenden Lehrer und Lehrerinen sind, wenngleich man auch ihre Pflicht zum unbedingten Gehorsam geleugnet hat, thatsächlich der Leitung der kirchlichen und geistlichen Oberen willenlos preisgegeben. Darüber kann nach den die Ausführungen des Kultusministers im vollsten Maasse bestätigenden Konstitutionen der betreffenden Genossenschaften, welche oben S. 48 erörtert sind, nicht der mindeste Zweifel obwalten.

Weiter haben die Mittheilungen aus den Konstitutionen und Regeln ergeben, dass die Lektüre dieser Personen unter der strengsten Kontrole ihrer Oberen steht, und dass insbesondere die Schulbrüder weder ein lateinisches Buch lesen noch ein einziges lateinisches Wort aussprechen sollen. Personen, für welche die geistlichen Oberen die erforderlichen Fortbildungsmittel für ihren Beruf einseitig auswählen und denen die von dem staatlichen Standpunkt aus angemessen erscheinenden Bildungsmittel ganz entzogen werden können, sind sicherlich nicht zum Unterricht und zur Erziehung der Jugend geeignet. Will man selbst zugeben, dass in vielen der von ihnen geleiteten Schulen und Anstalten vielleicht das vorgeschriebene Maass der Kenntnisse äusserlich erreicht wird, so kommt es doch darauf allein nicht an, sondern auf die Entwicklung eines selbstständigen und freien Charakters und gesunder religiöser und sittlicher Grundsätze. Die Gefahr blos äusserer Abrichtung und der Beförderung einer inneren religiösen und kirchlichen Abhängigkeit, als Resultat einer derartigen Erziehung, liegt gerade darum so nah, weil eine solche Abhängigkeit das Lebensprincip jener Gesellschaften ist und die Konstitutionen derselben für das ganze geistliche Leben der Schulbrüder und Schulschwestern in ausschliesslicher Weise bestimmend wirken.

---

behufs Feststellung dieser Thatsache besichtigen wollte, wurde ihm trotzdem, dass die beanspruchte Staatsaufsicht rechtlich begründet war, vgl. §§ 3ff. Tit. 12. Th. II. A. L. R., Kab.-Ordre v. 10. Juni 1834 (Ges.-Samml. S. 135); Staatsministerial-Instruktion vom 31. December 1839 (Min. Bl. f. innere Verwaltung von 1840 S. 94), Verf. Urk. Art. 22. 23 — von der Oberin der Schwestern unter Berufung darauf, dass Niemand ohne Genehmigung des katholischen Propstes zu Berlin die Klausur betreten dürfe, der Zutritt verweigert und die inneren Räume des Hauses vor ihm verschlossen gehalten.

In der That legen denn auch die Konstitutionen, soweit sie genauere Anweisungen über die Ertheilung des Unterrichtes enthalten, stets ein übertriebenes Gewicht auf die des Religions-Unterrichtes und zwar im Sinne der katholischen Kirche, d. h. der jetzt in derselben herrschenden Richtung.

Vgl. z. B. die für die Schulbrüder maassgebende Conduite à l'usage des écoles chretiennes. Versailles. 1870. chap. XIV. p. 60:

„Article Ier. De l'excellence du catéchisme. C'est dans cette partie essentielle qu'un frère zélé doit se montrer digne du saint emploi qu'il exerce....

Un frère rempli de l'esprit de son état regardera toujours le catéchisme comme la plus noble de ses fonctions, puisqu'elle l'associe à une infinité de saints personnages qui se sont fait gloire de l'exercer, et à Jésus-Christ même qui a passé la plus grande partie de sa vie publique à évangeliser les pauvres.

Il pensera souvent que c'est là l'enseignement le plus essentiel; que c'est à cause du bien que par lui nous pouvons faire aux âmes, que les autres spécialités ont été introduites dans nos classes, que nos écoles ont été fondées ou établies, que notre Congrégation a été institué, que l'église l'a approuvée et que les souverains Pontifes nous ont accordé les précieuses faveurs dont nous jouissons dans notre institut.“

Regel und Konstitutionen des klösterlichen Instituts der armen Schulschwestern de Notre Dame. München 1868. S. 104:

„2. In all' diesen Lehranstalten soll man sich dem Unterrichte und der Erziehung der Kinder — je nach deren Alter, Stand und Bedürfnissen — mit aller Sorgfalt widmen.

Die erste und nothwendigste aller Unterweisungen ist die Wissenschaft des Heiles. Die bewunderungswürdige Lehre des Heiles, welche unser Herr vom Himmel auf die Erde gebracht hat, und welche in Kürze im Katechismus enthalten ist, sollen die Schulschwestern ihren Schülerinnen als die Hauptsache beibringen und zwar so, dass sie selbe ihr Leben lang nicht blos im Gedächtnisse behalten, sondern auch im Herzen bewahren.

3. An die Religionslehre reiht sich der Unterricht in den Elementar-Gegenständen. Was den Stoff derselben, die Stundenordnung, die Lehrmethode und überhaupt das ganze Unterrichtswesen betrifft, richten sich die Schwestern nach dem Stande und den Bedürfnissen der Kinder, wobei sie nie ausser Acht lassen, sie anzuleiten, wie man die Furcht Gottes erlange, bewahre, in derselben zunehme und wie man sich im Glauben und in den Pflichten der christkatholischen Religion bestärken soll.

....

5. Während der zum Unterrichte in Handarbeiten bestimmten Stunden wechselt man mit Gebet, erbaulicher Lektüre und Liedern, dem jugendlichen Alter angemessen, um den Kindern die Arbeit lieb und angenehm zu machen und sie zu gleicher Zeit zu heiligen.“

Regel des h. Augustinus etc. der geistlichen Jungfrauen der h. Ursula (Berlin 1868) S. 120:

„8. Was die christliche Lehre betrifft, so ist es sehr nothwendig, dass sich Alle der nämlichen Lehrweise bedienen; auch müssen sie sich hierin ganz nach der römischen Kirche richten und sich wohl hüten, zu hohe Dinge zu lehren, die sie selbst nicht verstehen.

9. Daher sollen sie sich begnügen, ganz einfach zu lehren, was in dem

Katechismus Seiner Eminenz des Kardinals Bellarmin enthalten ist, indem sie das grössere Werk für sich und das kleinere für die Schülerinnen gebrauchen.

10. Sie sollen die Kleinen vor Allem lehren, unsern Herrn von ganzem Herzen zu lieben und Alles aus Liebe zu ihm zu thun; auch sollen sie ihnen eine kindliche Verehrung zur heiligsten Jungfrau, dem h. Schutzengel und ihren Namenspatronen einzuflössen trachten.

. . . .

12. Sie sollen sie zur Ausübung jeglicher Art von guten Werken anhalten und sie ganz besonders gewöhnen:

d) sich allmählig zum würdigen Empfange des h. Buss- und Altarssakramentes vorzubereiten,

. . . .

i) der hl. Messe, welche sie täglich vor und nach dem Schulunterrichte anhören sollen, andächtig beizuwohnen.

13. Sie sollen sie nicht nur ihre Muttersprache, sondern, wenn sie die erforderlichen Vorkenntnisse haben, auch lateinisch lesen, korrekt schreiben, im Kopf und mit Ziffern rechnen lehren und sie in weiblichen Arbeiten üben; dies Alles insoweit es die Zahl der Lehrerinnen erlauben wird."

Wenn man ferner darauf hingewiesen hat, dass alle etwa aus dem Unterrichte der Mitglieder von geistlichen Genossenschaften entstehenden Gefahren durch die dem Staate zustehende Aufsicht beseitigt werden, so ist dies ebenfalls nicht richtig. Die Aufsicht kann nur von Zeit zu Zeit ausgeübt werden, sie wird es schwer verhindern können, dass sich, unbemerkt von den mit derselben betrauten Behörden, solche Tendenzen, wie sie vorhin näher charakterisirt sind, geltend machen. Ueberdies ist es principiell unrichtig, die hauptsächlichste Garantie für eine zweckentsprechende Erziehung und einen geeigneten Unterricht in der Kontrole durch die beaufsichtigenden Behörden zu suchen, diese muss vielmehr in erster Linie auf die Personen und auf die Ausbildung der Lehrer und Lehrerinnen basirt werden. Die in dieser Beziehung erforderliche Zuverlässigkeit bietet aber das den geistlichen Genossenschaften angehörige Personal nicht. Namentlich deshalb nicht, weil dasselbe nicht ausschliesslich von den staatlichen Behörden abhängig ist, vielmehr gleichzeitig unter der Herrschaft der geistlichen Oberen steht, welche kraft ihrer Machtvollkommenheit und ihres faktisch unbegrenzten Einflusses im Stande sind, die Anordnungen der staatlichen Organe jeder Zeit zu durchkreuzen und unwirksam zu machen, selbst wenn der Staat, wozu er sicherlich nicht verpflichtet ist, eine ausgedehntere und häufigere Kontrole über die von den gedachten Personen geleiteten Anstalten, als in Betreff anderer, unter Vermehrung des Beamtenpersonals, unter Vergrösserung der Arbeitslast desselben und unter Erhöhung der für Schulaufsichtszwecke erforderten Summen eintreten lassen wollte.

Die vorstehenden Erörterungen haben gezeigt, dass die Zwecke und die Thätigkeit der geistlichen Orden und Kongregationen eine Reihe verschiedenartiger Gefahren für den Staat in sich bergen. Verstärkt werden diese dadurch, dass gerade in denjenigen Theilen der Monarchie, in denen eine der Einwirkung dieser Genossenschaften zugängliche Bevölkerung dicht bei einander wohnt, auch die Zahl der Niederlassungen und der Mitglieder derselben, welche neben einander thätig sind, sehr gross ist, also ihr Einfluss sich dadurch nicht einmal theilweise neutralisirt, dass sie ungleichmässig auch auf Gegenden mit minder empfänglicher Bevölkerung vertheilt sind. Dies zeigt die auf der nebenstehenden Seite gedruckte Uebersicht über die Niederlassungen und die Mitgliederzahl der Orden und Kongregationen in den einzelnen Diöcesen.

Nach der Zusammenstellung kommt ein Mitglied religiöser Genossenschaften

in	auf Katholiken
1. dem Provikariatbezirk von Osnabrück (Schleswig-Holstein)	110
2. Hohenzollern (Erzdiöcese Freiburg)	386
3. der Diöcese Hildesheim	428
4. der Diöcese Münster	521
5. dem Breslauer Delegatur-Bezirk (Brandenburg-Pommern)	532
6. der Diöcese Paderborn	573
7. der Erzdiöcese Cöln	593
8. der Diöcese Fulda	765
9. der Diöcese Limburg	807
10. der Diöcese Trier	877
11. der Provinz Sachsen (von Paderborn aus geleitet)	924
12. in der Diöcese Osnabrück	1172
13. in der Diöcese Breslau	1183
14. in der Diöcese Ermland	1842
15. in der Diöcese Culm	2913
16. in der Erzdiöcese Gnesen-Posen	2943
17. in der Erzdiöcese Prag (preuss. Antheil)	3228
18. in der Erzdiöcese Olmütz (preuss. Antheil)	3346

Eine sehr hohe Verhältnisszahl weisen die unter 2, 4, 6—10 aufgeführten Diöcesen auf. Diese wird allerdings noch von den unter 1, 3 und 5 gedachten Sprengeln übertroffen, indessen ist dies nur scheinbar, weil es sich hier, wie auch unter 11 um grosse Bezirke mit einer geringen katholischen Bevölkerung handelt und daher schon eine kleine Anzahl von Religiosen einen hohen Procentsatz der ersteren ergeben muss.

Uebersicht der Vertheilung der Zahl der Niederlassungen und Mitglieder der geistlichen Genossenschaften nach den Diöcesen.

Diöcese.	a) Beschaulichem Leben gewidmet.						b) der Seelsorge gewidmet.		c) der Krankenpflege und nebenbei der Erziehung gewidmet.						d) der Erziehung, Unterricht und ähnlichen Zwecken gewidmet.						Summe von a—d.		Zahl der Katholiken in der Diöcese.
	Männliche		Weibliche		Gesammtzahl.				Männliche		Weibliche		Gesammtzahl.		Männliche		Weibliche		Gesammtzahl.				
	Niederlassungen.	Mitglieder.	Niederlassungen.	Mitglieder.	Niederlassungen.	Mitglieder.	Niederlassungen.	Mitglieder.	Niederlassungen.	Mitglieder.	Niederlassungen.	Mitglieder.	Niederlassungen.	Mitglieder.	Niederlassungen.	Mitglieder.	Niederlassungen.	Mitglieder.	Niederlassungen.	Mitglieder.	Niederlassungen.	Mitglieder.	
Cöln	2	49	4	70	6	119	4	56	9	111	118	1256	127	1367	4	45	52	989	56	1034	193	2576	1,528,201
Trier	—	—	—	—	—	—	4	17	6	64	63	534	69	598	2	46	12	281	14	327	87	942	825,882
Münster	—	—	2	38	2	38	6	61	—	—	90	707	90	707	3	8	39	417	42	425	140	1223	637,854
Paderborn . . .	—	—	—	—	—	—	6	106	—	—	78	526	78	526	—	—	11	185	11	185	95	817	498,791
(sächs. Theile)	—	—	—	—	—	—	—	—	—	—	25	120	25	120	—	—	4	15	4	15	29	135	124,870
Breslau	—	—	—	—	—	—	3	42	6	83	113	740	119	823	—	—	32	378	32	378	154	1243	1,581,265
Delegatur-Bezirk	—	—	—	—	—	—	1	10	—	—	6	82	6	82	1	5	2	46	3	51	10	143	76,153
Gnesen-Posen . .	—	—	1	19	1	19	5	59	—	—	16	95	16	95	—	—	24	149	24	149	46	322	947,841
Culm	—	—	—	—	—	—	4	60	—	—	10	128	10	128	—	—	—	—	—	—	14	188	547,822
Ermland	—	—	—	—	—	—	—	—	—	—	4	24	4	24	—	—	15	134	15	134	19	158	ca. 280,000
Limburg	—	—	—	—	—	—	—	—	5	50	26	233	21	273	—	—	1	12	1	12	32	285	ca. 230,000
Hildesheim . . .	—	—	—	—	—	—	2	12	—	—	11	73	11	73	—	—	11	111	11	111	24	196	83,900
Fulda	—	—	—	—	—	—	2	53	—	—	10	63	10	63	—	—	4	65	4	65	16	183	ca. 140,000
Osnabrück . . .	—	—	—	—	—	—	—	—	—	—	12	84	12	84	—	—	6	49	6	49	18	133	ca. 155,971
Provikariat	—	—	—	—	—	—	—	—	—	—	1	9	1	9	—	—	—	—	—	—	1	9	ca. 1,000
Freiburg (Hohenzollern) . . .	—	—	—	—	—	—	3	75	—	—	4	24	4	24	—	—	10	62	10	62	17	161	ca. 62,200
Prag (preussischer Antheil) . . .	—	—	—	—	—	—	—	—	—	—	8	27	8	27	—	—	5	21	5	21	13	48	ca. 155,000
Olmütz (preussischer Antheil) .	—	—	—	—	—	—	—	—	—	—	2	8	2	8	—	—	4	25	4	25	6	33	ca. 110,416
Summe	2	49	7	127	9	176	40	551	26	308	597	4723	623	5031	10	104	232	2933	242	3037	914	8795	ca. 8,000,000

Abschnitt III. Die bestehende Gesetzgebung über das Ordens- und Kongregations-Wesen in Preussen und ihre frühere Handhabung.

Das Wesen der geistlichen Orden und Kongregationen erfordert, wie die bisherigen Ausführungen ergeben haben werden, eine gesetzlich normirte Aufsicht des Staates, sowohl im Interesse des letzteren selbst, wie auch im Interesse der einzelnen den Gesellschaften angehörigen Mitglieder. Die in dieser Hinsicht in der preussischen Monarchie bestehende Gesetzgebung ist, aber nicht nur eine für die einzelnen Landestheile derselben verschiedene, sondern es ist auch die Geltung mancher in Frage kommender Bestimmungen, namentlich gerade der wichtigsten, bestritten und zweifelhaft. Es fehlt demnach für die Verwaltungspraxis, falls sie dieselben zur Anwendung bringen wollte, an der absolut nothwendigen sicheren Basis, und dieser Zustand bedingt gleichfalls eine neue und einheitliche gesetzliche Regelung der fraglichen Verhältnisse.

Eine detaillirte Gesetzgebung über Orden und Klöster weist allein das preussische Landrecht (vgl. Th. II. Tit. 11. §§ 939 ff., §§ 1057 ff., §§ 1160 ff.) auf, während für diejenigen Landestheile, in welchen es nicht eingeführt ist, höchstens nur vereinzelte dürftige gesetzliche Anordnungen vorhanden sind. Ueberdies herrscht auch über die Frage, in wie weit die Verfassungs-Urkunde die früheren Bestimmungen beseitigt hat, keine Einstimmigkeit.

Was zunächst die Zulassung neuer Orden und die Begründung von Niederlassungen bereits im Lande bestehender betrifft, so erfordert das A. L. R. (a. a. O. § 939):

> „Unter geistlichen Gesellschaften, deren Mitglieder sich mit andern Religionsübungen als der Seelsorge hauptsächlich beschäftigen, werden die vom Staate aufgenommenen Stifte, Klöster und Orden verstanden“

zweifellos eine Staatsgenehmigung sowohl für die Niederlassung von neuen Orden überhaupt als auch für die Gründung von Klöstern schon vorhandener.

Das Edikt vom 30. Oktober 1810 (Ges.-S. S. 32) hat hieran nichts geändert. Es ist allerdings in dem 5 Berichte der Kommission des Hauses der Abgeordneten für Petitionen, betreffend die Aufhebung der Klöster in Preussen v. 17. Dezember 1869 (Drucksachen des Hauses der Abgeordneten 10. Legislatur-Periode III. Session 1869 No. 221. S. 5, s. auch den Bericht u. A. in der Schrift: das verfassungsmässige Recht der klösterlichen Vereine in Preussen etc. von einem preussischen Juristen, Frankfurt a. M. 1870. S. 62) behauptet, dass das Edikt die Klöster grundsätzlich reprobirt. Indessen hat dasselbe keineswegs die Errichtung neuer Klöster absolut verboten, wie denn auch der betreffende Kommissionsbericht diese Folgerung selbst nicht einmal gezogen hat. Das Edikt verordnet wörtlich:

„In Erwägung, dass a) die Zwecke, wozu geistliche Stifter und Klöster bisher errichtet wurden, theils mit den Bedürfnissen der Zeit nicht vereinbar sind, theils auf veränderte Weise besser erreicht werden können;

b) dass alle benachbarten Staaten die gleichen Maassregeln ergriffen haben;

c) dass die pünktliche Abzahlung der Kontribution an Frankreich nur dadurch möglich wird;

d) dass Wir dadurch die ohnedies sehr grossen Anforderungen an das Privatvermögen Unserer getreuen Unterthanen ermässigen, verordnen Wir, was folgt:

§ 1. Alle Klöster, Dom- und andere Stifter ...., sie mögen zur katholischen oder protestantischen Religion gehören, werden von jetzt an als Staatsgüter betrachtet.

§ 2. Alle Klöster, Dom- und andere Stifter ...., werden nach und nach eingezogen und für Entschädigung der Benutzer und Berechtigten soll gesorgt werden.

§ 3. Vom Tage des Ediktes an dürfen a) keine Anwartschaften ertheilt, keine Novizen aufgenommen und Niemand in den Besitz einer Stelle gesetzt, b) ohne Unsere Genehmigung keine Veränderung der Substanz vorgenommen, c) keine Kapitalien eingezogen, keine Schulden kontrahirt, oder die Inventarien veräussert, d) keine neue Pachtkontrakte ohne Unsere Genehmigung geschlossen, keine ältere verlängert werden. Alle gegen diese Vorschriften unternommenen Handlungen sind nichtig.

§ 4. Wir werden für hinreichende Belohnung der obersten geistlichen Behörden und mit dem Rathe derselben für reichliche Dotirung der Pfarreien, Schulen, milden Stiftungen und selbst derjenigen Klöster sorgen, welche sich mit der Erziehung der Jugend und Krankenpflege beschäftigen, und welche durch obige Vorschriften entweder an ihren bisherigen Einnahmen leiden oder deren durchaus neue Fundirung nöthig erscheinen dürfte."

Ein absolutes Verbot der Errichtung von Klöstern für alle Zukunft, oder auch nur derjenigen, welche sich nicht der Jugend und Krankenpflege widmen, ist in dem Edikte nicht ausgesprochen. Und wenn auch der Gesetzgeber in der Einleitung das Motiv ausspricht, dass die Zwecke der Klöster den Ansichten und Bedürfnissen der Zeit widerstreben, und die künftige Entstehung solcher für nicht mehr möglich gehalten hat, so handelt es sich doch immer nur um einen Erwägungsgrund, welcher weder in die Dispositive des Gesetzes aufgenommen worden ist noch an sich Gesetzeskraft hat,

(vgl. auch die citirte Schrift S. 6 ff.)

Hätte man in dem Edikte ein Verbot der Errichtung von Klöstern gefunden, so würde man dasselbe, was aber nicht geschehen ist, auch auf die nach 1810 mit der Monarchie wieder vereinigten Provinzen haben ausdehnen müssen. (s. oben S. 11). Jedenfalls hat die ältere Verwaltungspraxis das Edikt in dem hier dargelegten Sinne aufgefasst. Im Jahre 1842 sind im geistlichen Ministerium Verhandlungen über die Herstellung einiger Frauenklöster geführt worden. Dabei wurde das Edikt nicht im Entferntesten als Hinderniss für die Ausführung dieses Planes angesehen. Die gedachte Thatsache hat um so mehr Bedeutung, als die betreffende Angelegenheit von dem Geh. Ober-Regierungs-Rath Schmedding bearbeitet worden ist, welcher seit 1809, mithin schon bei Erlass des Ediktes, einen hervorragenden Antheil an der Verwaltung der katholischen Angelegenheiten genommen hatte.

Für das Gebiet des französischen Rechts besteht ebensowenig ein absolutes Verbot der Zulassung von geistlichen Genossenschaften. Die oben (S. 10) erwähnten lettres patentes vom 13/19. Februar 1790 bestimmen zwar:

> „déclarons en conséquence que les ordres et congrégations réguliers dans lesquels on fait de pareils voeux, sont et demeureront supprimés en France, sans qu'il puisse en être établi de semblables à l'avénir,“

indessen sind später ergangen:

1. das kaiserliche Dekret vom 3. Messidor XII (22. Juni 1804)

   „art. 1. A compter du jour de la publication du présent décret l'agrégation ou association connue sous les noms de Pères de Foi, d'Adorateurs de Jésus ou Pacanaristes, actuellement établie à Belley, à Amiens et dans quelques autres villes de l'empire, sera et demeurera dissoute.

   Seront pareillement dissoutes toutes autres agrégations ou associations formées sous prétexte de religion et non autorisées. . . .

3. Les lois qui s'opposent à l'admission de tout ordre religieux dans lesquels on se lie par des voeux perpétuels continueront d'être executées selon leur forme et teneur. (bezieht sich auf die vorhin erwähnten lettres patentes von 1790).

4. Aucune agrégation ou association d'hommes ou de femmes ne pourra se former à l'avenir sous prétexte de religion, à moins qu'elle n'ait été formellement autorisée par un décret impérial, sur le vu des statuts et reglements selon lesquels on se proposerait de vivre dans cette agrégation ou association.

5. Néanmoins les agrégations connues sous les noms de Soeurs de la Charité, de Soeurs Hospitalières, de Soeurs de Saint Thomas, de Soeurs de Saint Charles et de Soeurs Vatelottes continueront d'exister en conformité des arrêtés des 1er nivôse an IX, 24. vendimaire an XI, et des décisions des 28. prairial an XI et 22. germinal an XII, à la

charge par les dites agrégations, de présenter, sous le délai de six mois, leurs statuts et réglemens, pour être vus et vérifiés en conseil d'État, sur le rapport du conseiller d'État chargé de toutes les affaires concernant les cultes;"

und

2. das décret impérial relatif aux congrégations des maisons hospitalières des femmes vom 18. Februar 1809.

„art. 1er. Les congrégations ou maisons hospitalières de femmes, savoir, celles dont l'institution a pour but de desservir les hospices de notre empire, d'y servir les infirmes, les malades et les enfants abandonnés ou de porter aux pauvres des soins, des secours, des remèdes à domicile, sont placées sous la protection de madame, notre trèschère et honorée mère.

2. Les statuts de chaque congrégation ou maison séparée seront approuvés par nous et insérés au bulletin des lois pour être réconnus et avoir force d'institution publique.
3. Toute congrégation d'hospitalières dont les statuts n'auront pas été approuvés et publiés avant le 1er. janvier 1810 sera dissoute.
4. Le nombre des maisons, le costume et les autres privilèges qu'il est dans notre intention d'accorder aux congrégations hospitalières seront spécifiés dans les brevets d'institution.
5. Toutes les fois que des administrations des hospices ou de communes voudraient étendre les bienfaits de cette institution aux hospitaux de leur commune ou arrondissement, les demandes seront adressées par les préfets à notre ministre des cultes qui de concert avec les supérieurs des congrégations donnera des ordres pour l'établissement des nouvelles maisons: quand cela sera nécessaire, notre ministre des cultes soumettra l'institution des nouvelles maisons à notre approbation."

Hiernach sind zwar die Genossenschaften, in denen ewige Gelübde abgelegt werden, verboten geblieben, aber die Zulassung solcher mit zeitlichen Gelübden ist mit staatlicher Autorisation gestattet worden.

Auch in den zu der oberrheinischen Kirchenprovinz gehörigen Landestheilen (Kurhessen und Nassau) und ferner in Hannover ist unter den früheren Regierungen stets die Staatsgenehmigung als eine Folge des allgemeinen jus circa sacra für die Niederlassung von derartigen Genossenschaften erforderlich erachtet worden.

Ein direktes Verbot der Errichtung von Klöstern hat allein der § 3. des Gesetzes betr. die Religionsübung und Gemeindeverhältnisse der Reformirten, Katholiken etc. vom 4. Juli 1863 für das Herzogthum Holstein („Klöster dürfen nicht errichtet werden") ausgesprochen.

Bis zum Erlass der preussischen Verfassungs-Urkunde, resp. ihrer Einführung in die im Jahre 1866 neu erworbenen Provinzen galt also im Allgemeinen der Grundsatz, dass die Entfaltung der geistlichen Gesellschaften in der preussischen Monarchie von der Genehmigung der Regierung abhängig war.

Die frühere Verwaltungspraxis hat diese Beschränkung der Orden und Kongregationen durch die Vorschriften der Verfassungs-Urkunde (Art. 12. 13. 30) für aufgehoben erachtet (vgl. namentlich die Erklärungen der Kommissarien der Minister der geistlichen Angelegenheiten, des Innern und der Justiz in dem angeführten Kommissionsberichte S. 15 ff.), und diese Ansicht ist auch in der Wissenschaft des Kirchenrechtes vertreten worden,

vgl. Richter, Verhältniss des Staates zur katholischen Kirche in Preussen; in Dove, Zeitschrift für Kirchenrecht B. 1. S. 121.

Die Mehrheit der oben erwähnten Kommission des Abgeordnetenhauses nimmt dagegen in ihrem Berichte den entgegengesetzten Standpunkt ein. Man hat ihre Auffassung, so geschieht dies vor Allem in der schon mehrfach citirten Brochüre, als völlig unberechtigt bekämpft, indessen würde der Verfasser derselben bei objektiver Betrachtung der Lage der Gesetzgebung mindestens so viel haben zugeben müssen, dass es sich hierbei um eine sehr zweifelhafte Frage handelt.

Art. 12 der Verf.-Urk.: „Die Freiheit des religiösen Bekenntnisses, der Vereinigung zu Religionsgesellschaften (Art. 30 u. 31) und der gemeinsamen häuslichen und öffentlichen Religionsübung wird gewährleistet,“

erwähnt der Orden und Kongregationen nicht ausdrücklich. Dem gewöhnlichen Sprachgebrauche nach werden dieselben ebensowenig unter dem Ausdruck: „Religionsgesellschaft“ begriffen. Dafür, dass der Art. 12 eine andere Bedeutung von Religionsgesellschaft nicht im Auge gehabt hat, lässt sich sogar auf die Gegenüberstellung von Religionsgesellschaften und geistlichen Gesellschaften im Art. 13 („die Religionsgesellschaften, sowie die geistlichen Gesellschaften, welche keine Korporationsrechte haben, können diese Rechte nur durch besondere Gesetze erlangen.“) verweisen.

Seitens der Staatsregierung ist allerdings früher der Art. 12 stets auch auf die Orden und Kongregationen bezogen worden, indem dieselbe zu den in §§ 10 bis 12. Tit. 11. Th. II. A. L. R. gedachten Religionsgesellschaften auch die geistlichen Gesellschaften zählte, und sich weiter auf § 939 a. a. O., welcher die Klöster und Orden als geistliche Gesellschaften bezeichnet, berief. Allerdings wird diese Auffassung in Betreff des allgemeinen Landrechts als richtig anerkannt werden müssen. Dagegen trifft die Voraussetzung, dass die Verfassungs-Urkunde den landrechtlichen Sprachgebrauch angenommen habe, nicht zu. Nach der letzteren bilden Religionsgesellschaften und geistliche Genossenschaften, wie ihre Gegenüberstellung zeigt, einen Gegensatz. Sie hat ferner, indem sie allein „Kirchen,“ d. h. vollprivilegirte Religionsgesellschaften und andere „Religionsgesellschaften" scheidet,*) die landrechtliche Terminologie mit der Aufgabe des Unterschiedes von öffentlich aufgenommenen und von geduldeten Kirchengesellschaften verlassen, und im Art. 12 abweichend von den früheren landrechtlichen Bestimmungen die Freiheit zur Organisation von Gesellschaften für die Gottesverehrung und zur Feier des Gottesdienstes ausgesprochen. Die Gewährleistung der gemeinsamen häuslichen und öffentlichen Religionsübung, also des s. g. exercitium religionis privatum und publicum, hat nur einen Sinn für solche Vereinigungen, welche auf Grund von bestimmten dogmatischen Anschauungen zusammentreten und sich dadurch von anderen Gesellschaften gleichen Charakters unterscheiden, nicht für besondere Verbindungen, welche wie die Orden und Kongregationen innerhalb einer bestimmten Religionsgesellschaft stehen. Auch deshalb erscheint es viel gerechtfertigter den Ausdruck Religionsgesellschaft in der Verfassungs-Urkunde als identisch mit der landrechtlichen Bezeichnung „Kirchengesellschaft" aufzufassen.

Bestätigt wird dies durch die Anordnung der Art. 12 bis 15. Dieselbe geht vom Allgemeinen zum Besonderen über. Die Art. 12 und 13 handeln von den verschiedenen der Gottesverehrung gewidmeten Gesellschaften im allgemeinen, namentlich ihrer Stellung zum Staat. Besonderer, auf dem Boden einzelner dieser Religionsgesellschaften entstehender, diesen letzteren angehöriger Genossenschaften in Artikel 12 zu gedenken, lag nicht die mindeste Veranlassung vor. Die Hereinziehung derartiger Organisationen hätte vielmehr dem Principe und der Logik der Anordnung widersprochen, wie denn auch die Bestimmung über die „geistlichen Gesellschaften" im Art. 13 erst durch das von der ersten Kammer angenommene und nachher festgehaltene Amendement von Ammon (Stenograph. Berichte der I. Kammer 1849 Bd. 1. S. 692 ff.) in diesen Zusammenhang gelangt ist. Derjenige Artikel der Verfassungsurkunde, welcher nach der Disposition der letzteren der allein hier entscheidende sein kann, ist vielmehr der Art. 15. Denn erst dieser trifft die nöthigen Anordnungen darüber, in wie weit die Kirchen- und Religionsgesellschaften ihre Verfassung und ihre Einrichtungen, zu denen in der katholischen Kirche auch die Orden und Kongregationen gehören, frei im Staate entfalten können.

Aus dem eben Dargelegten ergiebt sich ferner, dass der Art. 30, welcher ebenfalls für die Freiheit der Niederlassung von Orden und Kongregationen geltend gemacht worden ist, sich auf diese nicht bezieht. Denn die Gründung und die Stellung der religiösen Gesellschaften wird in den Art. 12, 13 und 15 normirt, sie hat ihre besondere gesetzliche Regelung in diesen erfahren, kann also nicht noch einmal an anderer Stelle behandelt sein.

Soll nun gleich nicht verkannt werden, dass man die hier geltend

*) Ueber diese Terminologie vgl. des näheren meinen Kommentar zu den preussischen Kirchengesetzen. Berlin 1873. S. 5. Anm. 2.

gemachte Ansicht, dass der Verfassungs-Artikel 15 für die Entscheidung der in Rede stehenden Frage maassgebend ist, in Zweifel ziehen kann, so wird doch die von mir gegebene Begründung unter allen Umständen den Beweis geliefert haben, dass der früher von der Staatsregierung eingenommene Standpunkt schweren Bedenken ausgesetzt gewesen ist.

Selbst aber wenn man zugiebt, dass es allein auf den Art. 15 ankommt, so ist doch für die Stellung der Staatsregierung gegenüber der Zulassung der Orden und Kongregationen kein absolut sicheres Fundament gewonnen.

Ob und in wie weit der erwähnte Artikel 15 das Kirchenhoheitsrecht des Staates beseitigt hat, darüber ist bekanntlich bis zum Erlass des Gesetzes vom 5. April 1873, betr. die Abänderung der Artikel 15 und 18 der Verf.-Urk. (Ges.-S. S. 143) viel gestritten worden.*) Die Kontroverse ist nunmehr durch Zufügung des Satzes, dass „jede Kirche und Religionsgesellschaft den Staatsgesetzen und der gesetzlich geordneten Aufsicht des Staates unterworfen bleibt“ zu Artikel 15, Abs. 1 für die Zukunft beseitigt worden, indessen bleibt diese Streitfrage doch noch immer in Betreff der rechtlichen Befugnisse der Staatsregierung gegenüber den erwähnten Genossenschaften von Einfluss. Auch noch jetzt handelt es sich immer darum: Hat der Art. 15 in seinem ursprünglichen Wortlaut die früheren Rechte des Staates aufgehoben oder nicht. Nimmt man das letztere an, so gehören die darauf bezüglichen Gesetze zu den Normen, welche die Deklaration des Artikel 15 von 1873**) als zu Recht bestehend anerkennt. Geht man aber davon aus, dass der frühere Artikel 15 das staatliche Aufsichtsrecht beseitigt hat, so müssen auch die hier in Rede stehenden Vorschriften des Allgemeinen Landrechts dadurch für aufgehoben erachtet werden. Sie sind dann selbstverständlich nicht durch den dem Artikel hinzugefügten allgemeinen Vorbehalt der Staatsaufsicht und der Geltung der Staatsgesetze von Neuem in Kraft getreten. Die erstgedachte Auffassung ist m. E. die richtige. Sie ist bei der Berathung des betreffenden Gesetz-Entwurfes in der XIV. Kommission des Abgeordnetenhauses auf das Klarste von dem Vertreter der Staatsregierung, ohne dass irgend welcher Widerspruch erfolgt wäre, dahin ausgesprochen worden (Bericht der gedachten Kommission, Drucksachen No. 128, 11. Legislatur-Periode, III. Session 1872—1873 S. 11):

> „Endlich müsse ausdrücklich hervorgehoben werden, dass, wenn der Vorschlag des Herrn Referenten die Kirche einer „gesetzlich geordneten“ Aufsicht des Staates unterwerfe, dies nicht dahin zu verstehen sei, dass die Kirche einer solchen Aufsicht *nur dann* unterworfen sein solle, wenn *künftig derartige Gesetze erlassen werden möchten*, sondern dass sich diese Fassung auch *auf die*

---

*) Vgl. darüber *meinen* angeführten Kommentar S. XXX. XXXV.

**) S. a. a. O. S. XXXV.

bestehenden Gesetze beziehe, soweit sie nicht gesetzlich aufgehoben seien. Habe die Staatsregierung einzelne dieser Gesetze bisher thatsächlich nicht gehandhabt, so erscheine dies von keiner Bedeutung, da es lediglich darauf ankomme, ob dieselben zur Zeit noch zu Recht bestehen."

Demnach würde an und für sich nichts im Wege stehen, dass der Staat die erwähnten Rechte gegenüber den Orden und Kongregationen wieder zur thatsächlichen Ausübung brächte. Empfehlenswerth erscheint dies aber nicht, weil gerade die Partei, welche jede Aeusserung des staatlichen Kirchenhoheitsrechts schon als einen unrechtmässigen Eingriff in die Sphäre der katholischen Kirche betrachtet, die Voraussetzungen der hier vertretenen Auffassung negirt, und sich dabei in der vortheilhaften Lage befindet, ihrer Theorie den Schein der besseren Berechtigung mit dem Hinweis auf die ihr entsprechende mehr als zwanzigjährige Verwaltungspraxis zu geben, und ein etwaiges Zurückgreifen der Staatsregierung auf die erwähnten Gesetze als eine rechtswidrige Bedrückung der geistlichen Genossenschaften zu diskreditiren.

Neuerdings hat man freilich (so z. B. die erwähnte Kommission der zweiten Kammer und Friedberg, die Grenzen zwischen Staat und Kirche S. 795 Note 3) auf den § 98 des preussischen und den gleichlautenden § 128 des Reichs-Strafgesetzbuches:

> „Die Theilnahme an einer Verbindung . . . ., in welcher gegen unbekannte Oberen Gehorsam oder gegen bekannte Oberen unbedingter Gehorsam versprochen wird, ist an den Mitgliedern mit Gefängniss bis zu sechs Monaten, und an den Stiftern und Vorstehern (§ 98: Vorstehern und Beamten) der Verbindung mit Gefängniss von Einem Monat bis zu Einem Jahre zu bestrafen,"

hingewiesen, und diese Strafbestimmung auf die Orden und Kongregationen überhaupt oder wenigstens auf diejenigen, welche keine Staatsgenehmigung erlangt haben, für anwendbar erklärt.

Dass die Gehorsamstheorie, wie sie sich für die geistlichen Gesellschaften in der neueren Zeit gestaltet hat, die Mitglieder derselben thatsächlich zu willenlosen Werkzeugen in der Hand der Oberen macht, ist bereits oben (S. 61) ausführlich dargelegt worden. Trotzdem lässt sich die Anwendbarkeit des § 128 auf die hier in Rede stehenden Genossenschaften anzweifeln. Der § 128 bestraft nicht die thatsächliche Leistung eines willenlosen, unbedingten Gehorsams, sondern nur das Versprechen eines solchen. Ein darauf abzielendes Gelübde wird aber von den Ordensleuten nicht abgelegt, sondern die Gelübdeformeln enthalten nur im Allgemeinen das Versprechen des Gehorsams schlechthin oder nach Maassgabe der Regeln und Konstitutionen und es würde also im letzteren Fall für jede einzelne Genossenschaft immer nach ihren Satzungen thatsächlich festzustellen sein, wie weit der Gehorsam verlangt wird. Endlich darf auch nicht ausser Acht gelassen werden, dass wenigstens formell der freilich praktisch bedeutungslose Vorbehalt besteht, dass kein Ordensmann dem Oberen bei Befehlen zu folgen verpflichtet ist, welche eine offenbare Sünde enthalten.

Die bisherige Darlegung über den Stand einer einzigen, freilich einer hervorragend wichtigen Frage, zeigt, dass schon allein im Interesse der Rechtssicherheit eine neue gesetzliche Regelung der Verhältnisse der Orden und Korporationen erforderlich erscheint. Ja, diese ist jetzt eine unabweisliche Nothwendigkeit, wo die Staatsregierung mit Rücksicht auf die enorme Verbreitung der geistlichen Gesellschaften, ihre Organisation und die einer gesunden Staatsentwickelung drohenden Gefahren nicht wird umhin können, das nach Einführung der Verfassungsurkunde aus den Händen gegebene Aufsichtsrecht wieder geltend machen. Auf die unsichere Basis der früheren gesetzlichen Bestimmungen darf sie im Interesse ihrer Autorität ihre Maassnahmen nicht gründen, andererseits kann sie sich aber ebensowenig dem Vorwurfe aussetzen, dass sie nicht energisch genug verfahre, weil sie das strafrechtliche Verbot des § 128 des Reichs-Str.-G.-B. nicht zur Durchführung bringe.

Zudem würde mit der Wiederanwendung der früheren gesetzlichen Bestimmungen nicht einmal viel gewonnen sein, weil sie keineswegs ausreichend sind.

Es ist oben ausgeführt, dass in heutiger Zeit die Kongregationen und nicht die Orden die wichtigste und zahlreichste Klasse der geistlichen Gesellschaften sind.

Ob die landrechtlichen Vorschriften sich auf diese beziehen, ist bereits ebenfalls in Frage gestellt. Das Kön. Ober-Tribunal hat in dem Erkenntniss vom 27. November 1860 (Striethorst, Archiv für Rechtsfälle Bd. 39 S. 231) folgende Grundsätze ausgesprochen,

a. Eine Gesellschaft kann nur mit Genehmigung des Staats zu einer Kloster-Gesellschaft gebildet und dadurch zu einer Korporation erhoben werden. Daher kann von der Existenz eines Klosters im Sinne des A. L. R. nicht die Rede sein, bevor dasselbe die Genehmigung des Staates erhalten und damit zu einer Korporation erhoben ist,

b. Die Bestimmung der §§ 1199—1201 Tit. 11 Th. II A. L.-R., nach welcher Mönche und Nonnen nach abgelegtem Klostergelübde in Ansehung aller weltlichen Geschäfte als verstorben angesehen werden — setzt die Ablegung eines wirklichen Klostergelübdes voraus, — mithin in der Bedeutung: dass damit der Eintritt in ein Kloster, also eine geistliche Gesellschaft bewirkt werden soll, welche nach den gedachten Gesetzen die Genehmigung des Staats erhalten hat und dadurch zu einer Korporation erhoben ist.

c. Dadurch allein, dass eine Stiftung (Anstalt) zur Erziehung und zum Unterrichte der weiblichen Jugend, sowie zur Pflege alter, schwächlicher Personen unter die Leitung einer geistlichen Gesellschaft,

z. B. der Genossenschaft der barmherzigen Schwestern oder der Schwestern Unserer lieben Frau, gestellt ist, erhält dieselbe noch nicht den Charakter eines Klosters.

Daher verliert durch den, unter Ablegung des Gelübdes der Keuschheit, der Armuth und des Gehorsams erfolgten Beitritt zu einer solchen Gesellschaft die Eintretende noch nicht die Disposition über ihr Vermögen.

Der höchste Gerichtshof, welchem sich die Praxis und die Doktrin angeschlossen hat,

vgl. die Verfügung des Kön. Appellationsgerichtes zu Arnsberg vom 12. October 1869, abgedruckt im Archiv für kathol. Kirchenrecht Bd. 23 S. 143, und Koch, preuss. Erbrecht S. 144,

gründet seine Annahmen darauf, dass nach § 939 Tit. 11 Th. II A. L. R. zum Wesen eines Ordens, bez. Klosters im rechtlichen Sinne die Aufnahme durch den Staat gehöre, und demgemäss Genossenschaften, welche eine solche Staatsgenehmigung nicht erlangt haben, und ebensowenig die Niederlassungen derselben den landrechtlichen Vorschriften unterworfen seien. Eine Stütze gewährt dieser Ansicht sogar anscheinend auch der § 1057 a. a. O. Nach diesem sind Klostergesellschaften geistliche Korporationen, deren Mitglieder sich zu gemeinschaftlichem Leben und gemeinschaftlicher Religionsübung nach gewissen von der Kirche bestätigten Regeln durch feierliche Gelübde, also durch die nicht bei den Kongregationen vorkommenden s. g. vota solemnia verpflichtet haben.

Gegen diese Ausführung lässt sich indessen geltend machen, dass nach der landrechtlichen Gesetzgebung die Orden und Klöster einzig und allein durch die Aufnahme des Staates ein Recht auf Existenz erlangen konnten, mithin ohne diese Genehmigung gar nicht geduldet werden durften. Wenn das Landrecht seine Definition der Klöster blos den Orden im eigentlichen Sinne angepasst hat, wie dies die Erwähnung der feierlichen Gelübde zeigt, so bleibt doch von seinem Standpunkt aus immer die Frage zulässig, ob nicht die bezüglichen Vorschriften analogisch auf die modernen Kongregationen, über welche die staatliche Aufsicht mindestens in demselben Umfang, wie über die Orden geboten ist, anzuwenden sind. Eine bejahende Antwort auf diese Frage ist durch die Begriffsbestimmung der Klostergesellschaften im § 1057 a. a. O. und die Aufnahme des Momentes: „feierliche Gelübde“ in dieselbe umsoweniger ausgeschlossen, als das A. L. R. selbst diesen nicht eine ewig bindende Kraft beilegt;

(vgl. § 1179 a. a. O.: „Die geistlichen Oberen sind nicht berechtigt, unter dem Vorwande des abgelegten Gelübdes, irgend Jemanden einen Gewissenszwang anzulegen; ihm die freie Wahl der Religionspartei, zu welcher er sich halten will, zu verschränken; oder ihn wieder seinen Willen im Kloster zurückzuhalten.“)

und somit der Unterschied zwischen dem votum solemne in den Orden und dem votum simplex in den Kongregationen für das bürgerliche Recht keine Bedeutung hat. Endlich aber kommt noch in Betracht, dass das allgemeine Landrecht auch die protestantischen Klöster zu den geistlichen Gesellschaften rechnet (§§ 939. 1218) und trotzdem, dass die protestantische Kirche keine feierlichen Gelübde kennt, doch seine allgemeinen Vorschriften in den § 939 ff. sich auch auf die protestantischen Klöster beziehen.

Vor dem Erlass der Verfassungsurkunde und selbst nach derselben hätte die Anwendung der gedachten gesetzlichen Bestimmungen auf die Kongregationen also nicht unstatthaft erscheinen können. Gegenüber der seit dem Jahre 1848 geübten Verwaltungspraxis und namentlich dem erwähnten Ausspruch des höchsten Gerichtshofes ist aber eine Aenderung derselben jetzt kaum mehr möglich, vielmehr wird es auch in dieser Beziehung des Erlasses einer neuen gesetzlichen Bestimmung bedürfen.

Als einzige gesetzliche Vorschrift, welche in unbestrittener Geltung steht, bleibt demnach nur der Art. 13 der Verfassungs-Urkunde übrig, d. h. die Anordnung, dass geistliche Gesellschaften allein durch das Gesetz Korporationsrechte erlangen können. Sie war dazu bestimmt, ein gewisses Gegengewicht gegen eine den Interessen des Staates nachtheilige Entwicklung derselben zu gewähren, hat aber diesen Zweck nicht erfüllt.

Ganz abgesehen davon, dass seitens der früheren Kultusminister unter Mitwirkung der katholischen Abtheilung in mehreren Fällen Kabinets-Ordres extrahirt worden sind, welche geradezu einzelnen Kongregationen Korporationsrechte ertheilt haben*), mithin wiederholt eine direkte Verletzung der Verfassung

*) 1. durch K. O. v. 22. März 1852 „der mit dem städtischen Hospitale zu Neuss im Reg.-Bez. Düsseldorf in Verbindung gesetzten klösterlichen Genossenschaft barmherziger Schwestern“ (von der Regel des h. Augustin, Cellitinnen) „die Rechte einer moralischen Person“

2. durch K. O. v. 16. September 1853 „der Genossenschaft barmherziger Schwestern nach der III. Regel des h. Franziskus im Kreise Münster, welche zur Zeit auf der Hülle bei Telgte im gedachten Kreise ihren Sitz hat, Korporationsrechte, soweit solche zur Erwerbung von Grundstücken und Kapitalien erforderlich sind“

3. durch K. O. v. 16. September 1853 „der zu Aachen bestehenden Genossenschaft der Armen Schwestern des h. Franziskus, die Rechte einer moralischen Person“

4. durch K. O. vom 19. Juni 1858 „dem zu Liebenthal bestehenden Ursulinerinnen-Konvent die Rechte einer Korporation“

5. durch K. O. v. 26. August 1859 „dem Ursulinerinnen-Konvent zu Geilenkirchen im Reg.-Bez. Aachen die Rechte einer moralischen Person“

Betheiligt gewesen sind damals auch einzelne andere Ressorts. In den meisten Fällen (so in denen unter 2 bis 5) hat man sich zur Rechtfertigung des Verfahrens darauf berufen, dass schon andere Klöster desselben Ordens (der Franziskaner und Ursulinerinnen) mit Korporationsrechten in der Monarchie beständen, mithin der Art. 13 auf neue Niederlassungen solcher Genossenschaften keine Anwendung finden könne. Die Haltlosigkeit dieser Begründung tritt noch klarer hervor, wenn man berücksichtigt, dass die unter 2 gedachte Genossenschaft mit den sonstigen Klöstern des Franziskaner-

vorgekommen ist, hat man sich ebensowenig veranlasst gefunden, der Umgehung des Art. 13 entgegentreten. Dass Korporationsrechte den mit einzelnen Genossenschaften in organische Verbindung gesetzten Kranken- und Erziehungs-Anstalten gewährt worden sind, hat schon in anderem Zusammenhange seine Erwähnung gefunden. (s. S. 89. 84). Ferner sind Zuwendungen von Immobilien und anderen Vermögenswerthen an bischöfliche Stühle und an Pfarrkirchen, staatlich genehmigt worden, welche mit der Auflage gemacht waren, dass das betreffende Vermögen den Zwecken geistlicher Gesellschaften dienen sollte. Nicht minder haben Frauen-Vereine, welche sich der Erfüllung wohlthätiger Zwecke gewidmet, Korporationsrechte erhalten, und demnächst unter staatlicher Autorisation ebenfalls Schenkungen und Erbschaften erworben, um mit diesen unter Leitung von geistlichen Genossenschaften stehende Institute zu gründen oder besser auszustatten. Endlich sind derartige Zuwendungen an Kongregationen, deren Mutterhäuser schon vor Erlass der Verfassungs-Urkunde Korporationsrechte besassen, oder als im Besitze solcher befindlich betrachtet wurden, genehmigt worden, wenn sie auch ausdrücklich zu Zwecken neu begründeter oder zu begründender Filialen der Hauptniederlassung gemacht waren.

Bei einer derartigen Verwaltungs-Praxis hat der Art. 13 der Verfassungs-Urkunde selbstverständlich den beabsichtigten Zweck nicht erreichen können, und es dürfte sich daher fragen, ob nicht ähnliche, demselben widersprechende Umgehungen künftighin durch detaillirtere gesetzliche Ausführungs-Bestimmungen verhütet werden müssen. Solche erscheinen um so nothwendiger, als einzelne Genossenschaften, welchen auf Grund der eingereichten Statuten Korporationsrechte gewährt worden sind, ihre Statuten und ihre Zwecke ohne den Staatsbehörden irgendwelche Kenntniss davon zu geben, später geändert haben **).

Ordens in gar keiner organischen Verbindung steht, und dass die einzelnen Ursuliner-Konvente vollkommen unabhängig von einander sind und ein Zusammenhang zwischen ihnen nicht obwaltet.

Uebrigens ist auch seitens des Kultusministeriums auf Veranlassung der katholischen Abtheilung, freilich im Widerspruch gegen die sonst betheiligten Ministerien, die Ansicht geltend gemacht worden, dass sich der Artikel 13 der Verfassungs-Urkunde nur auf solche geistlichen Genossenschaften beziehe, welche feierliche Gelübde hätten. Dieser Unterschied ist indessen in dem von Ammon'schen Antrage (S. 106) nirgends angedeutet worden. Im Gegentheil hat der Antragsteller ausdrücklich auf die unter der französischen Gesetzgebung stehenden Frauen-Kongregationen hingewiesen, welche nur einfache Gelübde ablegen dürfen (s. S. 9 u. 13). Und auch die sachlichen Gründe, welche von ihm für sein Amendement angeführt worden sind, die Erschwerung der Anhäufung von Vermögen in der todten Hand, sowie der grosse Einfluss in politischer und socialer Hinsicht, passen ebenso gut auf die Orden, wie auf die Kongregationen.

**) Dem Staat ist in solchen Fällen dann das alte Statut als maassgebend entgegen gehalten worden. So ist in dem Statute der oben S. 25. 42 erwähnten Genossenschaft der

Ausser der vorhin besprochenen Vorschrift, dass neue Orden und Klöster der Staatsgenehmigung bedürfen, enthält das A. L.-R. noch eine Reihe von Bestimmungen, welche die Klöster einer fortdauernden Kontrole sowohl im Interesse des Staates als auch im Interesse der Freiheit der einzelnen Mitglieder unterstellen.

Alle geistlichen Gesellschaften sind der Aufsicht des Diöcesanbischofs unterworfen, soweit ihre Exemtion von der bischöflichen Gewalt nicht seitens des Staates genehmigt worden ist (§ 942 u. a. O.), die auswärtigen Ordens-Oberen müssen zur Ausübung der ihnen zukommenden Befugnisse einen vom Staat autorisirten Vikarius im Inlande bestellen (§ 1061) und dürfen keine Visitationen inländischer Klöster ohne ausdrückliche Erlaubniss des Staates vornehmen (§ 1063); die Wahl der Ordensoberen bedarf der landesherrlichen Bestätigung (§ 1009), welche allerdings observanzmässig dann nicht erforderlich war, wenn der Obere nur auf beschränkte Zeit gewählt wurde und im Fall der Untüchtigkeit wieder vom Amte entfernt werden konnte *); die Ausübung der Klosterzucht durch die Oberen ist an bestimmte gesetzliche Schranken gebunden (§§ 1066. 946. 947); ohne Genehmigung des Staates dürfen keine Mitglieder ausser Landes verschickt oder in auswärtige Klöster versetzt oder ausländische Mitglieder in inländische Klöster aufgenommen (§ 1068); die Ordensregeln können nur mit Vorwissen des Staates geändert werden, zur Aufnahme eines preussischen Unterthans in ein Kloster ist ebenfalls die Erlaubniss des Staates nothwendig; die Aufnahme darf bei Männern nicht vor zurückgelegtem 25., bei Personen weiblichen Geschlechtes nicht vor zurückgelegtem 21. Lebensjahre erfolgen (§§ 1161—1163); die Abkürzung des Probejahres ist verboten (§ 1170) und endlich die letzte Entscheidung über die Gültigkeit oder Nichtigkeit der Gelübde in oberster Instanz den Staatsbehörden überwiesen (§§ 1174—1175).

Schwestern der christlichen Liebe vom 21. September 1848, auf Grund dessen dieselbe durch Kabinets-Ordre vom 24. Februar 1849 Korporationsrechte erhalten hat, als Hauptzweck die Pflege und der Unterricht der Blinden angegeben, die Genossenschaft hat aber später sich in ausgedehntestem Umfange und zwar viel mehr, als mit dem erwähnten Zweck, mit der Ertheilung von Unterricht an öffentlichen und Privatschulen, sowie der Leitung von höheren Töchterschulen und Pensionaten beschäftigt, und für diese Zwecke den Besitz der Korporationsrechte ausgenutzt. Bei einem officiellen Anlass im Jahre 1872, als die Behörden verpflichtet waren, Kenntniss von den jetzt geltenden Statuten zu nehmen, wurde das alte von 1848 denselben seitens der Oberin eingereicht, obwohl nicht nur ersichtlich war, dass dies auf die Genossenschaft bei ihrer nunmehrigen Verbreitung nicht mehr passen konnte, sondern auch aus der oben S. 42 angeführten Schrift des Kardinals Bizarri sich ergab, dass im Jahre 1860 neue Statuten in Rom zur päpstlichen Approbation unterbreitet waren, und weiter ermittelt worden ist, dass diese nach längeren Verhandlungen gegen Ende der sechziger Jahre die Anerkennung der Kurie erhalten haben. Auf Vorhaltung dieser Thatsachen und auf die Aufforderung, die in Kraft stehenden Statuten den Behörden vorzulegen, hat die Oberin dann eine ablehnende nichtssagende Erklärung abgegeben.

*) Nach dem Min.-Reskr. v. 16. Juni 1824.

Was die übrigen Provinzen betrifft, so weist nur das schon oben erwähnte décret impérial relatif aux congrégations des maisons hospitalières de femmes vom 18. Februar 1809 einzelne hierher gehörige Bestimmungen auf. Die Häuser solcher Kongregationen sind der Jurisdiktion des Bischofs (Art. 17), welcher namentlich die Ausübung der Disciplin zu überwachen hat (Art. 18), unterworfen. Sie stehen ferner unter der Polizei der Maires, der Präfekten und Justizbeamten (Art. 19). Endlich können die Novizen erst mit dem vollendeten 16. Lebensjahr eintreten, und vor dem 21. Jahre keine anderen Gelübde, als einjährige, später aber nur fünfjährige ablegen (Art. 6—8).

Seit dem Erlass der Verfassungs-Urkunde sind diese Bestimmungen nicht mehr gehandhabt worden. Von einer Erörterung der Frage, in wiefern diese Praxis rechtlich begründet war, kann hier abgesehen werden. Einzelne dieser Vorschriften gehen zu weit, andere sind nutzlos, andere entsprechen endlich der heutigen Auffassung von dem Verhältniss der Kirche zum Staate nicht mehr. An eine erneuerte Geltendmachung, welche doch blos für das Gebiet des Landrechts möglich wäre und auch innerhalb desselben hinsichtlich ihrer Statthaftigkeit in Bezug auf die Kongregationen nach den früheren Ausführungen vielfachen Widerspruch finden dürfte, kann nicht gedacht werden. Dass an sich eine fortlaufende Kontrole des Staates über die geistlichen Genossenschaften geübt werden muss, haben die oben über ihre Organisation und Zwecke gemachten Mittheilungen ergeben. Es erscheint also auch unter diesem Gesichtspunkt eine neue gesetzliche Regulirung des Ordens- und Kongregations-Wesens erforderlich.

Es wird zwar allgemein und mit Recht angenommen, dass die betreffenden Gesellschaften den Bestimmungen des Gesetzes vom 11. März 1850 über die Verhütung eines die gesetzliche Freiheit und Ordnung gefährdenden Missbrauchs des Versammlungs- und Vereinigungsrechtes (G.-S. S. 277), sofern sie nicht im Besitze von Korporationsrechten sind (§ 2 Abs. 3 des Ges.), unterliegen. Die entscheidenden Bestimmungen des Gesetzes haben indessen Versammlungen, in welchen öffentliche Angelegenheiten erörtert werden sollen, oder Vereine, welche eine Einwirkung auf öffentliche Angelegenheiten bezwecken, im Auge und sind, da die Orden und Kongregationen eine derartige Thätigkeit im Allgemeinen nicht üben, für dieselben nicht von ausreichender, praktischer Bedeutung, ja die von Polizeibehörden versuchte Anwendung der Kontrol-Vorschriften des Gesetzes auf einzelne Niederlassungen der geistlichen Genossenschaften ist sogar von manchen Gerichten für unstatthaft erklärt worden.

Zu allen dargelegten Gründen, welche das Einschreiten der Gesetzgebung rechtfertigen, tritt endlich noch die Nothwendigkeit, die bestehenden Vorschriften über den Erwerb durch die todte Hand vor Umgehungen zu schützen. Für die Mitglieder der Orden im eigentlichen Sinne reichen dazu allerdings die Bestimmungen der §§ 1182—1204 Tit. 11 Th. II. A. L.-R. aus, aber ganz abgesehen davon, dass in den gemeinrechtlichen Landestheilen der Grundsatz gilt, dass das den Ordensleuten zufallende Vermögen von ihren Klöstern erworben wird, bietet die auf dem Boden des neueren katholischen Kirchenrechts entwickelte Theorie von dem dominium radicale der Kongregations-Mitglieder an ihrem Vermögen, wie bereits oben (S. 4. 77) ausgeführt ist, eine so zweckmässige Handhabe zur Umgehung der Amortisationsgesetze, dass auch in dieser Hinsicht eine Abhülfe geboten erscheint.

SCHLUSS.

Vorschläge zu neuer gesetzlicher Regelung der Verhältnisse der geistlichen Genossenschaften.

Die vorstehenden Erörterungen haben die Nothwendigkeit einer neuen gesetzlichen Regelung der Verhältnisse der geistlichen Orden und Kongregationen darzuthun gesucht. Zugleich werden dieselben entnehmen lassen, worauf sich diese des Näheren zu erstrecken haben wird. Indessen mag, der Uebersicht wegen, hier zum Schlusse noch eine kurze Zusammenstellung des Wichtigsten, was ein etwaiges neues Gesetz über die Orden und Kongregationen zu bestimmen haben würde, gegeben werden.

Die seit dem Jahre 1848 praktisch in Geltung gewesene absolute Freiheit der geistlichen Genossenschaften hat, wie die S. 14 ff. mitgetheilten statistischen Zusammenstellungen zeigen, zu einer so bedeutenden Vermehrung und Verbreitung dieser Art von Associationen geführt, dass dieselbe sowohl in politischer, wie auch in volkswirthschaftlicher Beziehung die ernstesten Bedenken hervorzurufen geeignet ist. Es ist weiter dargelegt, dass die geistlichen Genossenschaften ihrer Organisation und der Stellung ihrer Mitglieder nach sich von allen anderen Vereinen, welche das politische und sociale Leben hervorruft, unterscheiden, und zwar dadurch, dass die Macht der Oberen in ihnen thatsächlich eine so gut wie schrankenlose ist, und dass die Mitglieder, indem sie ihre ganze Persönlichkeit den Zwecken der Genossenschaft zur Verfügung stellen, sowohl auf ihre geistige, wie auch auf ihre rechtliche Selbstständigkeit verzichten. Ferner ist dargethan, dass die meisten dieser Associationen Zwecke verfolgen, welche den Staat auf das Wesentlichste interessiren.

Die Gefahr, dass dieser ganze Apparat von der maassgebenden Leitung zur Bekämpfung des Staates benutzt und verwendet wird, liegt in der heutigen Zeit, in welcher der Konflikt zwischen der Kurie und den Bischöfen einerseits und der Regierung andererseits sich immer mehr verschärft, sicherlich nicht fern.

Sodann kommt aber in Betracht, dass der Staat, wenngleich er die Freiheit der Einzelnen selbst bis zur Entäusserung der wesentlichsten Rechte der freien Persönlichkeit sich bethätigen lassen will, es doch unter keinen Umständen dulden darf, dass der Verzicht auf die Fundamente des Staates und der Gesellschaft, auf das Recht zur Begründung der Familie und zu eigenem Eigenthum und eigenem Erwerb, auch nur durch den leisesten Druck hervorgerufen, und die absolute Freiheit des Austrittes aus einer geistlichen Genossenschaft irgendwie beeinträchtigt wird.

Die Rücksicht auf das eigene Wohl des Staates und die Abwendung ihm drohender Gefahren, sowie die Pflicht des Schutzes des Einzelnen in der Freiheit seiner Entschliessungen bedingt mindestens — ein absolutes Verbot aller Orden und Genossenschaften würde meiner Ansicht nach zu weit gehen — eine Reihe gesetzlicher Normen, welche der Entwicklung und der Thätigkeit der geistlichen Genossenschaften in bestimmten Richtungen Schranken auferlegen.

Zunächst erscheint eine gewisse Aufsicht des Staates geboten.

1. Es muss die Zulassung neuer Genossenschaften von staatlicher Genehmigung abhängig gemacht werden; desgleichen aber

2. auch die Begründung neuer Niederlassungen von schon vorhandenen Orden und Kongregationen.

Mit der Zulassung einer geistlichen Genossenschaft kann derselben nicht ohne Weiteres die Befugniss zu beliebiger Ausdehnung gewährt werden. Ganz abgesehen davon, dass eine übermässige Entfaltung des geistlichen Genossenschaftswesens, dessen Grundlagen mit denen des Staates in absolutem Widerspruch stehen, nicht geduldet werden kann, so kommen für die weitere Ausdehnung einer bereits zugelassenen Genossenschaft die mannigfachsten Verhältnisse, ihre Zwecke, ihre bisherige Stärke, der Ort ihrer Niederlassung, die Bedürfnisse desselben, die Frage nach der Zahl der dort schon bestehenden Niederlassungen anderer Gesellschaften, die Rücksicht auf den konfessionellen Frieden u. s. w. in Betracht, welche nothwendiger Weise für jeden einzelnen lokalen Fall erwogen werden müssen, und auch nur für einen solchen erwogen werden können.

Diese Vorschläge würden allerdings auf den früher in der Monarchie geltenden Zustand zurückführen, sie gewähren aber dem Staate andererseits nur diejenigen Befugnisse, welche man in andern, namentlich deutschen Ländern und zwar noch in neuester Zeit für die Staatsgewalt als unentbehrlich in Anspruch genommen hat,

Vgl. Bairisches Edikt, die äusseren Rechtsverhältnisse der Einwohner in Beziehung auf die Religion betr. vom 26. Mai 1818 § 76: „Unter den Gegenständen gemischter Natur werden diejenigen verstanden, welche zwar geistlich sind, aber die Religion nicht wesentlich betreffen, und zugleich irgend eine Beziehung auf den

Staat und das weltliche Wohl der Einwohner desselben haben. Dahingehören: . . .

c) Errichtung geistlicher Gesellschaften und sonstiger Institute und Bestimmung ihrer Gelübde . . ."

§ 77: „Bei diesen Gegenständen dürfen von der Kirchengewalt ohne Mitwirkung der weltlichen Obrigkeit keine einseitigen Anordnungen geschehen."

§ 78: „Der Staatsgewalt steht die Befugniss zu, nicht nur von allen Anordnungen über diese Gegenstände Einsicht zu nehmen, sondern auch durch eigene Verordnungen dabei alles dasjenige zu hindern, was dem öffentlichen Wohle nachtheilig sein könnte."

Badisches Gesetz vom 9. October 1860 über die rechtliche Stellung der Kirchen etc. § 11: „Ohne Genehmigung der Staatsregierung kann kein religiöser Orden eingeführt und keine einzelne Anstalt eines eingeführten Ordens errichtet werden. — Diese Genehmigung ist widerruflich."

Würtembergisches Gesetz betr. die Regelung des Verhältnisses der Staatsgewalt zur katholischen Kirche vom 30. Januar 1862. Art. 15: „Geistliche Orden und Kongregationen können vom Bischof nur mit ausdrücklicher Genehmigung der Staatsregierung eingeführt werden, welche auch erforderlich ist, so oft ein im Lande schon zugelassener Orden eine neue Niederlassung gründen will . . . . Die Genehmigung ist jederzeit widerruflich."

Oesterreichischer Entwurf eines Gesetzes über die äusseren Rechtsverhältnisse der klösterlichen Genossenschaften von 1874 § 1: „Zur Errichtung eines Ordens, einer Kongregation oder einer andern kirchlichen Genossenschaft, deren Glieder sich zu einem gemeinschaftlichen Leben verpflichten, dann zu Ansiedlungen solcher Genossenschaften oder eines ihrer Convente ist die staatliche Genehmigung erforderlich;"

und welche sogar im österreichischen Konkordat vom Jahre 1855 der Regierung eingeräumt sind,

vgl. Art. 29 Abs. 2: „Archiepiscopis et Episcopis liberum erit, in propriis dioecesibus ordines seu congregationes religiosas utriusque sexus juxta sacros canones constituere; *communicabunt tamen ea de re cum Gubernio Imperiali consilia.*"

Selbstverständlich ist es, dass bei der Nachsuchung der Genehmigung die Verhältnisse und die Organisation der Genossenschaft unter Beifügung der vollständigen und aktuell geltenden Statuten offen gelegt werden müssen.

Endlich kann die ertheilte Staatsgenehmigung nur eine widerrufliche sein, denn nach der Zulassung können sich die Umstände, unter welchen diese stattgehabt hat, wesentlich ändern, namentlich aber ist es möglich, dass die Thätigkeit der Genossenschaft später eine dem Staate schädliche oder gefährliche Richtung einschlägt.

3. Die Niederlassungen der geistlichen Genossenschaften sind unter eine fortdauernde Staatskontrole zu stellen. Diese hat sich einmal in von Zeit zu Zeit zu wiederholenden Revisionen staatlicher Kommissare zu bethätigen. Durch eine derartige persönliche Kenntnissnahme der Einrichtungen der klösterlichen Niederlassungen ist allein die Möglichkeit gegeben, über die Innehaltung der dieselben betreffenden gesetzlichen Vorschriften ausreichende Gewissheit zu erhalten und Verletzungen derselben zu verhindern. Ferner muss aber auch den einzelnen Mitgliedern der Genossenschaften, welche durch die Klausur in dem Verkehre mit der Aussenwelt wesentlich beschränkt sind, und deren Verhalten der strengsten Kontrole unterliegt, im Interesse der Wahrung ihrer persönlichen Freiheit Gelegenheit zu einer directen persönlichen Verbindung mit den staatlichen Behörden gewährt werden.

Ausserdem wird es weiter einer Vorschrift bedürfen, dass die Vorsteher der einzelnen Niederlassungen von der Aufnahme jedes Mitgliedes, jedes Professen, Novizen und Postulanten oder Kandidaten der Staatsbehörde Nachricht geben, von allen wichtigen Veränderungen in der Genossenschaft oder der Niederlassung, vor Allem von etwaigen Abänderungen der Regeln und Satzungen, Anzeige machen und jährlich Verzeichnisse der Insassen der Niederlassungen einreichen müssen. Ohne derartige Anordnungen ist eine wirksame staatliche Kontrole nicht zu führen, namentlich nicht darüber, ob nicht etwa Personen, welchen der freie Eintritt in die geistlichen Genossenschaften nicht gewährt werden kann, (s. unter No. 6 u. 7) aufgenommen worden sind.

Weiter wird es erforderlich sein, der Organisation und den Einrichtungen der betreffenden Gesellschaften gewisse Schranken zu setzen. In dieser Hinsicht dürfte es sich empfehlen:

4. zu bestimmen, dass keine Niederlassung einem auswärtigen Oberen, d. h. einem solchen, welcher seinen Sitz ausserhalb des deutschen Reiches hat, unterstellt sein darf. Ohne eine solche Vorschrift fehlt von vornherein jede Garantie, dass die Genossenschaft sich den Landesgesetzen unterwerfen werde. Denn der auswärtige Obere, dessen Anweisungen bei der festen und geschlossenen Organisation der fraglichen Gesellschaften stets der Ausführung sicher sind, hat auf einen Staat, welchem er nicht angehört, keine Rücksicht zu nehmen, und wird daher bei der Leitung der Genossenschaft lediglich die Interessen dieser und der kirchlichen Richtung,

welche an dem Orte seiner Residenz die herrschende ist, als maassgebend betrachten.

5. Dass die Handhabung der Straf- und Disciplinar-Gewalt der Oberen über die ihnen untergebenen Genossenschafts-Mitglieder den Bestimmungen des Gesetzes vom 13. Mai 1873 über die Grenzen des Rechts zum Gebrauche kirchlicher Straf- und Zuchtmittel (Ges.-Samml. S. 205) unterliegt, ist zweifellos. M. E. wird aber das Gesetz insofern einer Ergänzung bedürfen, als die Anwendung oder Androhung von selbst erlaubten Straf- und Zuchtmitteln auf den Fall des erfolgten oder beabsichtigten Ausscheidens aus der Genossenschaft gleichfalls unter Strafe zu stellen ist. Als absolute Bedingung der Zulassung der geistlichen Associationen wird der Staat stets die beliebige, uneingeschränkte Freiheit des Einzelnen zum Austritt festhalten müssen. Diese wird aber erheblich geschmälert, falls es auch nur statthaft ist, durch geistliche Straf- und Zuchtmittel, also durch einen Druck auf das Gewissen, den Einzelnen zum Bleiben in der Genossenschaft zu nöthigen.

6. Es empfiehlt sich weiter, alle ausserdeutschen Staatsangehörigen vom Eintritt in preussische Niederlassungen auszuschliessen. Erkennt der Staat auch die geistlichen Associationen als ein Bedürfniss der katholischen Kirche in gewissen Schranken an, so hat er doch immer nur die Pflicht, seinen eigenen katholischen Unterthanen die Befriedigung eines solchen zu gewähren. Ausländern gegenüber besteht diese Pflicht nicht. Ueberdies können diese gerade bei zahlreicher Vertretung innerhalb der Genossenschaft ein für den Staat gefährliches Element werden.

7. Weiter ist der Eintritt in die geistlichen Genossenschaften vor Erreichung eines bestimmten höheren Alters, etwa des 25. Lebensjahres, zu verbieten. Das Individuum muss, um die Tragweite eines Verzichtes auf seine geistige Selbstständigkeit, auf das Familienleben und auf Eigenthum und Erwerb beurtheilen zu können, Gelegenheit gehabt haben, ausreichende Erfahrungen im Leben, in dessen mannichfaltigen Beziehungen und Wechselfällen, zu machen. Eine Verschiedenheit zwischen Personen männlichen und weiblichen Geschlechtes hinsichtlich des Alters festzusetzen — wie dies z. B. im A. L. R. Th. II. Tit. 11. §§ 1162. 1171, welche das 25., bezw. 21. Jahr erfordern, geschieht — dürfte nicht gerechtfertigt sein. Das weibliche Geschlecht wird zwar früher reif, als das männliche, trotzdem muss aber für dasselbe die gleiche Altersgrenze festgehalten werden, da es selten vor dem 20—24. Lebensjahr Gelegenheit hat, die erforderlichen Lebenserfahrungen zu sammeln, und da ferner bei seiner leichteren Bestimmbarkeit durch die verschiedensten Einflüsse, namentlich durch die Einwirkung der Geistlichkeit, und bei seiner durch die Statistik nachgewiesenen grösseren Hinneigung zum Eintritt in das klösterliche Leben, das Gegengewicht allein in der Festsetzung einer höheren Altersgrenze gefunden werden kann.

Ebensowenig erscheint ein Unterschied zwischen dem definitiven Eintritt (Profess) und zwischen dem Eintritt in den Postulat, bez. Noviziat gerechtfertigt. Erfahrungsgemäss ist ein Ausscheiden aus diesen Vorbereitungs-Stadien selten. Mit dem Beginne derselben ist thatsächlich in der Regel schon die Entscheidung für den Einzelnen unwiderruflich erfolgt. Es wird daher bei etwaiger Festsetzung der höheren Altersgrenze nur für die Profess allein der Zweck einer solchen Vorschrift geradezu vereitelt.

8. In diesen Zusammenhang gehört endlich ein Verbot, dass eine Versetzung inländischer Mitglieder nicht in auswärtige (ausserdeutsche) Niederlassungen stattfinden darf. Dieses erscheint mit Rücksicht auf die Vorschriften der Konstitutionen, welche den Oberen die beliebige Translation der Mitglieder in andere Häuser gestatten (s. 37. 47), im Interesse der Freiheit des Individuums erforderlich. Dasselbe ist ferner ein nothwendiges Komplement zu der unter 6 vorgeschlagenen Bestimmung insofern, als es verhindert, dass die Mitglieder zur Erfüllung mit antinationalen Tendenzen in auswärtige Klöster geschickt und nachher wieder in das Inland zurückbeordert werden.

9. Was die vermögensrechtliche Stellung der Genossenschaften betrifft, so ist schon oben (S. 111) der Erlass neuer gesetzlicher Bestimmungen zur Sicherung der Durchführung des Artikels 13 der Verfassungs-Urkunde befürwortet worden. Zu diesem Zwecke dürften etwa folgende Vorschriften erforderlich sein:

a. dass ertheilte Korporationsrechte nur den bestehenden, bez. zur Zeit der Verleihung existirenden Niederlassungen der Genossenschaft zukommen, nicht ohne Weiteres aber allen später gegründeten Häusern und Filialen derselben;

b. dass Korporationsrechte an Anstalten und Stiftungen, welche der Leitung geistlicher Genossenschaften unterstehen oder mit Niederlassungen solcher organisch verbunden sind, bez. verbunden werden sollen, nur durch Gesetz verliehen werden können;

c. dass alle Zuwendungen an Dritte dahin, dass letztere sie zu Gunsten von geistlichen Genossenschaften, resp. von Niederlassungen derselben, welche keine Korporationsrechte besitzen, verwenden sollen, nichtig sind.

10. Was die vom katholischen Kirchenrecht festgesetzten Wirkungen des feierlichen, bez. einfachen Gelübdes der Anmuth betrifft, so wird die staatliche Gesetzgebung ein System von Grundsätzen aufstellen müssen, wonach im Interesse der Sicherung der Verbote des Erwerbes durch die todte Hand den Genossenschaften und ihren Niederlassungen jedes Recht auf das Vermögen ihrer Mitglieder abgesprochen, andererseits aber den letzteren für den Fall ihres Austrittes ihr Vermögen, einschliesslich der in der Zwischenzeit

zufallenden Erwerbungen, konservirt wird, ohne dabei irgend einen Unterschied zwischen vota solemnia und simplicia zu machen. Das heisst also:

Es muss nach dem Vorgange des würtembergischen Rechtes (vgl. Dove, Zeitschr. für Kirchenrecht Bd. 2 S. 208) das Vermögen der Mitglieder der geistlichen Genossenschaften ausserhalb dieser durch einen Güterpfleger oder Curator verwaltet und den ersteren, so lange sie der Gesellschaft angehören, die Disposition darüber entzogen werden.

11. Die totale faktische Abhängigkeit der Angehörigen der geistlichen Gesellschaften von ihren Oberen, bedingt weiter eine Ausschliessung derselben von allen öffentlichen Wahl- und Stimmrechten, sowie von allen andern politischen Rechten. Die für die Ausübung solcher Befugnisse als absolute Voraussetzung zu fordernde Selbstständigkeit und Freiheit des Subjektes ist, wie oben S. 62 dargelegt, bei ihnen nicht vorhanden.

Sodann wird die innerhalb der Zwecke der geistlichen Genossenschaften liegende Thätigkeit derselben in zwei Beziehungen zu beschränken sein, es wird nämlich zweckmässig sein,

12. die Abhaltung von Missionen und die Aushülfe in der Seelsorge durch Mitglieder geistlicher Genossenschaften sowie die Vornahme von geistlichen oder gottesdienstlichen Handlungen in den Kirchen der letzteren für andere als Mitglieder derselben an die vorgängige und zwar widerrufliche, staatliche Genehmigung zu knüpfen, und

13. die Mitglieder der betreffenden Gesellschaften zu einer Lehr- und Unterziehungs- Erziehungsthätigkeit an Unterrichts- oder Erziehungs-Anstalten nur mit ministerieller stets widerruflicher Dispensation zuzulassen.

Der unter Nr. 12 gemachte Vorschlag ist dadurch gerechtfertigt, dass die Abhaltung solcher Missionen erfahrungsgemäss eine besondere religiöse Erregung bewirkt. Ferner haben dieselben in einzelnen Theilen der Monarchie den Zwecken politischer Propaganda gedient und bei dem Zusammenströmen grösserer Bevölkerungsmassen nicht selten zu groben Excessen Veranlassung gegeben, also geradezu demoralisirende Wirkungen gehabt.

Für die Beschränkung der Aushülfe in der Seelsorge sprechen ähnliche Gründe. Das Gesetz vom 11. Mai 1873 betr. die Vorbildung der Geistlichen etc. §§ 2. 15 ff. (Ges. Samml. S. 191) gewährt allerdings dem Staate für solche Fälle das Einspruchsrecht. Bei den Weltgeistlichen reicht dieses Mittel aus, weil dieselben innerhalb des Staates und des Volkes stehen und dessen Bedürfnisse und Interessen auf dieselben mit zwingender Nothwendigkeit eine gewisse Wirkung äussern. Hier ist also die Annahme zutreffend, dass bei dem Nichtvorliegen von Einspruchsgründen ihre Thätigkeit nicht zum Nachtheile des Staates ausgeübt wird. Solche, durch die Natur der Verhältnisse gegebene Garantien fehlen aber bei den Mitgliedern der geistlichen Genossenschaften, bei welchen die Interessen ihrer Vereinigung und die Unterwerfung unter den Willen ihrer Oberen die ihre Thätigkeit in erster Linie bestimmenden Momente sind.

Was die unter 13 proponirte Bestimmung betrifft, so entspricht diese, soweit es sich um öffentliche Volksschulen handelt, dem Ministerial-Reskript vom 15. Juni 1872 (s. S. 91). Die Gründe des in dem letzteren ausgesprochenen Verbotes sind schon oben (S. 92) entwickelt, und es ist dort bereits ausgeführt, dass diese auch für die privaten Lehr- und Erziehungs-Anstalten zutreffen. Sie entspricht übrigens auch der badischen Gesetzgebung,

vgl. Gesetz vom 2. April 1872: „der § 109 des Gesetzes vom 8. März 1868, den Elementar-Unterricht betreffend, erhält folgenden Zusatz:

„Mitgliedern eines religiösen Ordens oder einer ordensähnlichen Kongregation ist jede Lehrwirksamkeit an Lehr- und Erziehungs-Anstalten im Grossherzogthum untersagt. Die Staatsregierung ist ermächtigt, für einzelne Personen widerruflicher Weise Nachricht von diesem Verbote zu ertheilen.“

14. Endlich wird, in Uebereinstimmung mit dem schon bisher bestehenden Rechte, ausdrücklich festzusetzen sein, dass der Austritt aus den Genossenschaften jederzeit trotz der Gelübde freisteht.

Berichtigungen.

Seite 6	Zeile 9	von oben lies:	keine	statt: kein.
„ 50	„ 11	„ „ „	restaurandae	statt: restaurendae.
„ 66	„ 10	„ „ „	gefordert	statt: gefördert.

Buchdruckerei von Gustav Schade (Otto Francke) in Berlin.

FSC
www.fsc.org
MIX
Papier | Fördert gute Waldnutzung
FSC® C083411

Kolibri 360 GmbH
Ferdinand-Jühlke-Straße 7
99095 Erfurt, Deutschland
produktsicherheit@kolibri360.de